제가 좀
숫자에 약해서

제가 좀
숫자에 약해서

윤정용 지음

앳원크

추 천 사

숫자가 싫었다. 수학자가 될 것도 아니고 내 인생에 숫자가 무슨 큰 의미가 있을까 싶었다. 하지만 숫자와 관계없을 것 같은 마케팅, 전략기획, 광고 업무를 하면서 숫자를 피할 수는 없었다. 아니, 오히려 숫자와 친해져야 모든 일에 능통할 수 있었다. 이 책은 회사에서 어떤 일을 하든 꼭 마주해야 할 '숫자'에 당신이 당당히 맞설 수 있게 해주는 단 한 권의 책이다!

강혁진_월간서른 대표, 〈마케팅 어벤저스〉 PD

신뢰 쌓는 숫자, 설득하는 숫자, 상대를 이해하는 숫자, 좀 있어 보이게 하는 숫자…. 내가 어느 팀에 있든 무슨 일을 하든 직장생활 중에는 많은 경우의 숫자를 직간접적으로 접하게 됩니다. 피할 수 없으면 즐기라는데 '숫약자'라면 이 책으로 숫자를 즐겨보시길 바랍니다. 사소한 숫자부터 심화된 숫자까지, 다년간의 경험을 바탕으로 저자가 설명해주는 '이해하기 쉬운' 숫자를 만나볼 수 있을 테니까요.

김주희_CJ주식회사 부장

직장생활도 몇 년 됐으니 이제 그만 숫자랑 친해져야 하지 않을까 하는 비장한 각오로 읽기 시작했는데 막힘없이 술술 읽혀 놀랐습니다. 책 속 에피소드가 마치 내 신입 시절의 이야기 같아 추억에 빠지기도 하고, 이 책을 조금 더 빨리 만났더라면 그 시절을 조금 더 즐겁게 보냈을 텐데 하는 아쉬움이 들기도 했습니다.
딱딱한 이론이 아닌, 실제로 회사에서 활용하면 예쁨 받는 꿀팁으로 가득한 직장생활 나침반. '숫알못'들의 숫자 두려움을 빼주고 '재무적 사고'를 더해주는 책. 팀장님의 사랑을 받고 싶다면 이 책을 당장 읽어보시길!

우신애_SAP 파트너

이 책을 읽으며 제 신입사원 시절을 되돌아보게 되었습니다. "쌈빡한 파워포인트와 화려한 언변으로 사랑받는 신입사원이 되겠어!"라고 외치던 신입사원의 포부는 복잡한 엑셀 수식과 처음 듣는 재무 용어, 익숙지 않은 회계 시스템에 무너져버렸죠. 이렇게 저처럼 '숫자못'인 문과 출신 사원들이 저연차 때 한 번쯤 겪을 만한 어려움들을 작가님이 맛깔나고 재미나게 풀어놓으셨더군요. 이 책은 회사에서 쓰이는 숫자용어, 전표처리, 재무제표뿐 아니라 사회 초년생이라면 알아야 할 연말정산과 같은 생활 속 숫자까지 속 시원하게 해설해주고 있습니다. 제가 신입사원이던 시절에 이 책이 있었으면 얼마나 좋았을까요!

윤태원_아모레퍼시픽 과장

좀처럼 친해지기 힘든 그 녀석. 숫자와 친구가 되고 싶은 당신이라면 당장 이 책을 집어 들길! 직장인, 아니 현대인에게 필요한 모든 '숫자'에 대한 팁이 이해하기 쉽게 정리되어 있다. 그야말로 꿀팁.
직장에서 필요한 숫자뿐 아니라 생활 관련 숫자 상식부터 실전, 강화 코스까지. 수년간 몸으로 부딪쳐도 알 수 있을까 말까 하는 노하우를 이 책 한 권으로 단숨에 습득할 수 있다!

임근영_쿠팡 PO(Product Owner)

몰랐다. 정말 몰랐다. "어찌 그것도 모르냐"라는 소리를 듣기 싫어서 아는 '척'도 하고 살았다.
음치, 몸치도 아닌 수(數)치로 수치스럽게 살았다. 이 책을 만나기 전까지.
저자의 쉬운 설명에 감탄하고, 저자의 멋진 철학에 감동받는 책.
직장인이라면? 읽어라. 더 이상 수치스럽지 않을 것이다.

황현진_《세일즈, 말부터 바꿔라》 저자

숫자가 당신을 축복하길!

저는 "직장인이여, 회계하라!"라고 부르짖으며 대기업, 관공서 임직원을 대상으로 회계 교육을 하고 있습니다. 전문가들의 영역 이라고 생각하기 쉬운 회계를 누구나 쉽고 즐겁게 배울 수 있도록 돕는 것이 교육의 목적입니다. 어느 날 출판사 편집자와 미팅을 하는데 이런 말을 들었습니다.

"선생님, 직장인에게는 회계가 중요하지 않아요."

솔직히 충격 좀 받았습니다. 열심히 '회계'하고 있는 저에게 이렇게 심한 말을 하다니! 속상한 마음을 들키지 않고자 고개를 끄덕여가며 이야기를 들었습니다.

"숫자에 대해 자신감도 없는데 무슨 회계예요. 숫자에 자신감이 생겨야 회계도 공부하죠. 직장인들은 당장 눈앞에 있는 숫자도 몰라 헉헉거려요."

원래 귀얇사(귀가 얇은 사람들의 모임) 회원이었던 저는 바로 설득당했습니다.

'그렇구나. 눈앞의 숫자 업무도 제대로 못 하는데 무슨 회계냐. 내가 아무리 회계하라고 해도 숫자는 무섭고 어렵다는 마음이 있는 한 회계할 엄두가 안 나겠지.'

편집자는 이 책의 출간기획서를 들이밀었습니다. 저는 출판사에서 뼈가 굵은 베테랑 편집자의 스티브 잡스 뺨치는 프레젠테이션에 꼴딱 넘어갔고, 계약서에 도장을 찍고 말았습니다.

'직장인에게 숫자 자신감을!'

굵직한 글씨로 포스트잇에 적어서 책상 한가운데에 붙여놓고 수시로 들여다봤습니다. 그리고 숫자라는 괴물에 벌벌 떨었던 신입사원 시절로 회귀했습니다.

당시 저는 홍보대행사에서 인턴을 한 경력이 있어 홍보팀에 지원했지만 이상하게도 재무팀에 배치를 받았습니다. 회계와 재무의 뜻도 몰랐고, 숫자라면 치과에서 받는 신경치료보다 치를 떨며 더 싫어하던 저였습니다. 그런데 사방이 숫자로 둘러싸인 재무팀에 배치받은 것입니다.

숫자를 무서워하다 보니 당연히 재무팀 업무에서 실수가 많았고, 창고로 끌려가 선배로부터 "회사에 놀러왔냐?"며 야단도 많이 맞았습니다. 5000만 원짜리 당좌전표를 누락시키는 사고를 저지른 후 '이런 일이 재발할 경우에는 퇴사하겠다'는 내용의 시말서를 쓰기도 했습니다. 솔직히 그때는 제갈량이 출사표를 내듯 가슴에 품은 사표를 던지며 "잠깐만! 퇴사하고 올게요"하고 소리치고 싶었습니다. 하지만 그런 깜냥은 없어서 찬물로 세수를 한 뒤 언제나 자리로 돌아올 뿐이었죠. 만약 그때 도망쳤다면 지금의 저는 존재하지 않을 겁니다. 도망치고 싶다는 마음을 잡은 건 잘하고 싶다는 마음이었습니다. 숫자는 무서웠지만 일은 잘하고 싶었습니다.

그래서 틈만 나면 결재 완료된 품의와 부속서류들, 지출전표와 증빙들을 보며 기안을 올린 의도와 결재의 이유가 무엇인지 찾으려 노력했습니다. 그리고 부장님과 선배에게 수시로 혼나가며 어떤 포인트로 서류를 작성하고 검토해야 하는지 익혔습니다. 하루 종일 숫자가 빼곡한 엑셀 스프레드시트를 눈에 인공눈물을 퍼부으며 들여다봤습니다. 아마 그때 시력이 0.003 정도 낮아진 거 같습니다. 하지만 실수를 반복하지 않기 위해, 틀리지 않기 위해 고민하고 또 고민해 확실하게 배울 수 있었습니다. 그때의 노력 덕분일까요? 지금 전 숫자에 대한 자신감 장착은 기본이고, 계산하는 것을 넘어 숫자를 내 몸처럼 다룰 수 있게 되었습니다.

잊고 있었던 처절한 그때를 떠올리며 이 책을 썼습니다. 여러 분들이 '이 사람도 이런 경험을 했구나', '맞아 맞아, 나도 이래', '이렇게 하면 되는구나'라고 공감하고 노하우도 얻을 수 있기를, 제가 그런 분들의 제2의 선배가 되길 바라는 마음으로 썼습니다. 실수는 성장을 돕는 원동력이 되지만 굳이 사서 실수를 할 필요는 없으니까요.

어떤 사람들이 이 책을 읽으면 좋을까?

이제 막 직장에 들어가 카오스에 빠진 신입사원들이 꼭 읽었으면 좋겠습니다. 그래서 선배들에게 초짜 같은 모습을 보이지 않고 '요즘 친구들은 스마트하네' 하는 긴장감을 주면 좋겠습니다. 선배라면 후배에게 "이거 읽어봐. 괜찮더라" 하며 선물했으면 좋겠습니다. 또 지금까지는 어찌어찌 일을 해왔지만, 숫자를 잘 알면 더 좋겠다는 필요성을 느끼는 분들도 읽었으면 좋겠습니다. 이 책을 더 풍부하게 즐기고 싶다면, 네이버오디오클립 〈숫자원정대〉를 함께 들으며 읽는 것을 추천합니다.

이 책을 통해 당신의 직장생활이 업그레이드된다면 그보다 큰 기쁨은 없을 겁니다.

"Number Bless You! 숫자가 당신을 축복하길!"

CONTENTS

시작은 기초체력 다지기

알아두면 참 좋은 숫자 상식

3

숫자, 실전으로 들어가다!

4

이제는 숫자에 강해질 때

시작은
기초체력 다지기

수치스럽게 왜 그래?

"제가 좀 숫자에 약해서….”

저는 오랫동안 습관처럼 이 말을 했습니다. 중학교 때 수학을 잘하고 싶은 마음에 과외도 받았습니다. 그런데 결과는 27점.

'역시 난 수학은 안 되는구나. 아무리 해도 난 안 돼….'

《수학의 정석》은 연산부터 새까맣게 줄을 쳐가며 공부했지만 도통 뒤로 넘어가질 못했습니다. 학년이 올라갈수록 수학은커녕 숫자만 봐도 어렵다는 생각이 들었습니다.

그래서 대학에 입학해서도, 회사에 취업해서도 복잡한 숫자나 통계, 비율이 눈앞에 나타나면 쫄아서 제대로 쳐다보질 못했습니다. 그런데 이런 어려움을 겪는 직장인은 저뿐만이 아니었습니다. 많은 사람들이 삼각함수나 이차방정식 같은 수학이 아니라 더하기 빼기 같은 간단한 사칙연산도 꺼려합니다. 밥값을 더치페이하는 것도 어려운 사람들을 위한 더치페이 전용어플까지 등장했습니다.

영화 〈부라더〉에서 친구가 마동석에게 말합니다.

"나는 문과라서 수치에 약한데…."

그에 대한 마동석의 답은 이거였습니다.

"수치스럽게 왜 그래?"

'숫자싫어증'의 급증

일도 하기 싫지만, 숫자는 더 싫습니다. 숫자가 있는 글은 읽기 싫고, 계산하는 것도 싫고, 그래서 숫자와 관련된 업무는 일단 피하고 봅니다. 이처럼 숫자라면 무조건 싫은 '숫자싫어증'을 앓고 있는 직장인들이 많습니다.

숫자싫어증이 급증한 이유가 뭘까요? 저는 학창시절 배우는 수학 때문일 것이라 생각합니다. 대입 수학능력시험의 난이도 조절을 이유로 수학 문제는 점점 어렵게 출제되기 시작했습니다. 덩달아 학교에서 배우는 수학도 어려워졌습니다. 이 영향으로 초등학교 때부터 선행학습을 통해 수학을 공부하는 분위기입니다. 그래서인지 비교적 쉽다고 하는 초등수학을 초등학생 10명 중 3명이 포기합니다. 고등학교로 올라가면 더 심각합니다. 10명 중 6명이 포기합니다.

저는 롤러코스터를 굉장히 싫어합니다. 높은 곳에 올라가면 가슴이 두근거리고 겁이 납니다. 놀이공원에 놀러갔다가 아내가 딱 한 번만 타보자고 해서 나무로 된 롤러코스터를 탄 적이 있습니다. 겁이 났지만 롤러코스터를 좋아하는 아내를 위해 억지로 용기를 냈습니다. 그렇지만 제가 탈 롤러코스터가 눈앞에 들어오자 '내가 미쳤구나' 싶어졌습니다. 안전벨트를 두 번 세 번 살펴보고 만져보며 저는 직원들에게 "이거 안전한 거 맞죠?"라고 계속 물었습니다. 올라타고 나서 '혹시 뒤집혀서 떨어져 죽으면 어떡하지?' 등의 안 좋은 상상을 하는데 롤러코스터가 출발했습니다.

그런데 막상 롤러코스터를 타고 나니 두려움보다 희열이 더 컸습니다. 매 순간이 너무 짜릿해서 다 돌고 나자 '뭐야, 벌써 끝났어?' 싶었고, '이거 또 탈 수 있겠는데?' 하며 두려움이 즐거움으로 변했습니다.

숫자싫어증도 마찬가지입니다. 숫자와 관련된 업무를 하면 실수할 것 같고, 틀리면 바보 취급당할 것 같습니다. 그래서 숫자와 관련된 일들을 피하다 보면 점점 더 숫자에 무뎌지고 무감각해집니다.

숫자와 관련된 업무가 어려울 것이란 편견은 버리십시오. '더하기 빼기 나누기 곱하기'만 정확하게 할 수 있으면 충분합니다. 숫자에 대한 두려움을 접고 용기를 내면 새로운 즐거움이 기다립니다.

근자감으로 무장하자

고등학교 시절 친구들과 함께 '토네이도'라는 이름의 농구팀을 만들었습니다. 그런데 우리 고등학교에는 이미 '틴에이저'라는 이름의 공식 농구팀이 있었습니다. 토네이도는 공식 농구팀 틴에이저에 지원했다가 떨어진 친구들이 모여 만든 팀이었습니다. 그래서 토네이도의 목표는 틴에이저를 꺾는 거였습니다.

우리는 틴에이저에 지원했다가 떨어진 것은 운이 없어서라고 생각했고, 누구든 이길 수 있다는 '근거 없는 자신감(근자감)'으로 무장했습니다. 농구 연습과 관련된 책을 구입하고 야간자습이 끝난 밤마다 훈련을 했습니다. 매일 연습하다 보니 팀워크가 만들어지며 '진짜 자신감'이 생겼고, 다른 학교 농구팀에게 도전하기에 이르렀습니다.

첫 번째로 도전한 팀은 프리드로우라는 이름의 팀으로, 우리 학교의 틴에이저 농구팀을 이긴 전적이 있었습니다. 이 경기에서 우리 팀 토네이도는 불과 한 자릿수 차이라는 박빙의 승부 끝에 승리했습니다. 그 후에도 토네이도는 많은 팀과 경기를 하며 승리와 패배를 거듭했습니다. 하지만 아쉽게도 제가 졸업할 때까지 틴에이저와 붙은 적은 없었습니다. 재밌는 사실은 제가 졸업한 이후 우리 고등학교에서 틴에이저 농구팀은 사라졌고, 대신 토네이도가 에어워크로 이름을 바꿔 학교 공식 농구팀으로 활동하고 있다는 것입니다.

데이비드 로렌스 프레스턴은 《자신감 쌓기 연습》에서 이미 자신감으로 충분한 사람처럼 행동하라고 충고합니다. 자신감 있는 사람처럼 말하고 행동할수록 진짜 자신감 역시 점점 높아진다는 겁니다. 우리도 숫자에 대해서 그렇게 할 필요가 있습니다.

근자감을 가지고 하나씩 훈련을 거듭하다 보면, 근자감은 어느새 실력을 마음껏 발휘할 수 있는 진짜 자신감으로 바뀝니다. 숫자를 싫어하는 여러분이 이 책을 펼친 것 자체가 용기입니다. 용기를 냈으니 '나는 숫자를 잘 알아!'라는 근자감으로 무장해봅시다!

숫자를 잘 알면 달라지는 것들

"저 사람은 숫자에 강해"라는 평판을 듣는다면 달라지는 것들이 있습니다. 숫자에 강한 사람은 상사를 설득하고 결정에 대한 동의를 쉽게 받을 수 있습니다. 숫자에 강하다는 것은 기본적으로 회사에 손해를 입히지 않는다는 의미입니다. 그래서 회사의 이익을 소중하게 생각한다는 평을 받습니다. 여러분 역시 숫자를 잘 알게 되면 다음과 같은 평가를 들을 수 있습니다.

치밀하다

"너 참 치밀해."

이런 말을 들으면 기분이 어떤가요? 드라마에 등장하는 악역들이 대개 치밀하게 음모를 꾸며서 그런지 치밀하다는 말은 안 좋은 것처럼 들립니다. 그런데 국어사전을 찾아보면 '치밀하다'는 '자세하고 꼼꼼하다'라고 설명되어 있습니다.

"팀장님, 예산안 찾으실 것 같아서 미리 준비했습니다. 업체 연락처와 사업자번호, 대표자 이름 등 기본정보는 앞에 있고, 협상할 때 필요한 콘택트 포인트와 특이사항, 참고사항은 뒤에 있습니다. 이번에는 지난 거래 때보다 3.2~3.5% 낮은 금액으로 협상해보겠습니다."

이런 치밀함은 직장인에게 반드시 필요한 것 아닐까요? 일을 할 때 우리는 오히려 치밀해질 필요가 있습니다. 숫자를 잘 안다는 것은 업무를 치밀하게 할 수 있다는 뜻도 됩니다.

정확하다

사람들은 숫자를 신뢰하는 경향이 있습니다. 이것이 숫자의 힘이자 마력입니다.

"팀장님, 우리 제품의 시장점유율은 13.7%이고, 경쟁사 A제품 시장점유율은 12.5%로 우리보다 1.2퍼센트포인트 낮습니다."

숫자가 구체적일수록, 복잡할수록 더욱 큰 신뢰를 얻습니다. 숫자를 자유자재로 사용할 수 있다면 "저 사람은 뭐든지 정확하구나"라는 이야기를 듣게 됩니다. 게다가 숫자용어들을 적재적소에 잘 사용하면 스마트한 이미지는 덤으로 얻습니다.

설득력 있다

숫자는 객관적입니다. 그래서 결정권자는 판단의 근거로 숫자를 사용합니다.

"팀장님, A제품 매출이 전월보다 27% 증가한 반면 B제품 매출은 전월 대비 5.7% 증가에 그쳤습니다. 이번 달에는 B제품 판촉 이벤트를 진행해보는 건 어떨까요?"

어떤 내용을 보고할 때 숫자를 사용하면 결정권자가 결정을 내리기 쉽습니다. CEO가 프로젝트를 최종평가할 때 일반부서보다 숫자를 움직이는 재무부서의 의견에 귀를 기울이는 이유가 여기 있습니다. 따라서 숫자를 잘 이용하면 '설득력 있다'는 이미지가 형성됩니다.

회사의 언어, 숫자

해외여행. 생각만 해도 가슴이 두근두근합니다. 여행을 가기 전 어디를 갈지 무엇을 먹을지 숙박은 어떻게 할지 여행 책을 뒤져보고 인터넷을 검색합니다. 이렇게 여행을 계획하는 시간이 가장 즐거운 것 같습니다. 그런데 막상 여행지에 도착해서 언어가 막히면 계획이 꼬이기 시작합니다.

작년 가을, 가족과 함께 일본 후쿠오카로 여행을 갔습니다. 한국에서 온라인으로 차를 렌트했는데, 막상 일본에 도착해서 보니 렌터카 사무소가 어디 있는지 도무지 찾을 수 없었습니다. 렌터카 사무소니 당연히 1층이라 생각했는데, 막상 도착해서 보니 1층에는 다른 가게가 있었습니다. 지도 앱에는 건물만 표시되어 있고 몇 층인지 나와 있지 않았습니다.

일본어를 몰라서 영어로 손짓 발짓 다 해가며 물어봤지만, 묻는 사람마다 '뭐라는 거야?'라는 표정만 지을 뿐이었습니다. 짐은 많고, 아이는 힘들다고 울고, 아내는 아이 달래다 화내고…. 총체적 난국이었습니다.

'여긴 어디? 나는 누구?'

멘탈이 나가기 직전 영어를 할 줄 아는 분의 도움으로 렌터카 사무소를 찾을 수 있었습니다. 일본어만 할 수 있었다면 쉽게 찾을 수 있었을 텐데, 낭비한 시간이 아까웠습니다.

후쿠오카는 라멘으로 유명합니다. 특히 이치란라멘이라는 식당의 라멘은 우리나라 사람들의 입맛에 맞아 한국 여행객들 사이에서 더 유명합니다. '아침은 이치란라멘 본점에서 먹어야지!'라는 생각에 아침부터 가게를 찾아가 라멘을 주문했습니다. 다행히 메뉴에 한글이 있어서 쉽게 주문할 수 있었습니다.

저는 깊고 칼칼한 라멘 맛에 반했습니다. 오픈형 주방에서 일하고 있는 주인장이 보이자 "이렇게 맛있는 요리를 만들어줘서 감사합니다"라고 표현하고 싶었습니다. 영어로 말할지 한국어로 할지 고민하다가 번역기를 찾았습니다.

"혼또니 오이시데스(정말 맛있어요)."

"혼또니 아리가또 고자이마스(정말 고맙습니다)."

맛있다는 제 말에 주인장은 밝은 표정으로 허리를 90도로 숙이며 감사인사를 했습니다. 맛도 서비스도 감동이었습니다. 말로 감동을 표현하고 마음을 주고받는 순간이 여행을 더 즐겁게 만들어줬습니다. '한국에 가면 일본어 공부를 시작해야지!' 자동으로 동기부여가 됐습니다. 여행을 다녀온 뒤 일본어를 공부하겠다는 생각에 일본 애니메이션을 정말 열심히 봤습니다. 물론 일본어는 전혀 늘지 않았고요.

우리는 대개 해외여행을 다녀오면 외국어 공부를 시작합니다. 미국에 다녀오면 영어, 일본에 다녀오면 일본어, 중국에 다녀오면 중국어 공부를 시작하는 식으로요. 그 나라의 언어를 알면 현

지인들과 대화하며 문화를 이해할 수 있어 여행을 더 풍부하게 즐길 수 있기 때문입니다. 숫자는 직장생활에 꼭 필요한 언어라고 할 수 있습니다. 즉, '회사의 언어'인 셈이죠. 숫자를 이해하고 사용한다면 업무를 좀 더 쉽게 할 수 있고, 숫자 속에 숨어 있던 정보를 찾아낼 수 있습니다. 또 숫자 데이터를 활용한 수준 높은 보고서를 작성해 설득력과 신뢰도를 높일 수 있습니다.

숫자를 외국어라고 생각하고, 직장이라는 나라를 여행하는 여행자처럼 숫자를 공부해보는 건 어떨까요?

자, 이제 숫자로 가득한 이상한 나라로의 여행을 시작합니다!

제가 좀 숫자에 약해서

중요한 숫자가 뭔지 아니?

〈백종원의 골목식당〉은 '장사의 신' 백종원 씨가 직접 발로 뛰며 죽어가는 골목길 상권을 살리는 프로그램입니다. 이 방송에 나왔다 하면 한 집 건너 한 집마다 '점포 임대'라는 광고지가 붙어 있던 죽은 상권도 인파로 북적이는 골목으로 부활한다고 합니다.

백종원 씨가 매의 눈으로 사장의 자세, 메뉴, 재고 관리 등등 가게운영 전반에 대해 분석하고 나면 대부분의 가게 사장들은 눈물을 쏙 뺄 정도로 혼이 납니다. 이후 백종원 씨의 도움으로 환골탈

태해서 장사가 잘되게 됩니다. 이 드라마틱한 변화가 방송을 보는 재미이자 포인트지요.

　그중에서도 어느 멸치국숫집 사장은 유난히 많이 혼났습니다. 위생 문제 때문에? 아닙니다. 바로 멸치국수 육수에 들어가는 비용, 즉 원가를 잘못 계산했기 때문이었습니다. 국숫집 사장은 멸치 한 박스를 써가며 정성 들여 만든 육수의 원가를 3000원이라고 계산했습니다. 원가가 높다 보니 국수의 가격도 비싸졌습니다. 그런데 백종원 씨가 직접 계산해보니 육수의 원가는 1900원이었습니다. 국숫집 사장은 원가에 가스값, 물값 등등을 다 포함했고, 백종원 씨는 음식과 관련된 식재료만 따졌기에 1100원의 차이가 난 것입니다. 백종원 씨는 국숫집 사장이 계산한 원가가 잘못됐음을 지적하며 "원가 계산을 정확하게 하지 못하면 적자의 이유가 식재료 때문인지, 아니면 가스값 등의 다른 이유 때문인지 알 수가 없다"고 말했습니다. 원가를 정확하게 알아야 음식을 팔면 얼마가 남는지, 그리고 몇 개를 팔아야 이익인지 알 수 있습니다. 그런데 이걸 모르며 장사를 하는 사람이 많습니다. 그저 통장에 찍힌 돈만 보면서 장사가 잘된다 혹은 못된다고 판단하는 것입니다.

얼마나 버세요?

　저는 현재 종로에 디저트 가게를 하나 하고 있습니다. 가게를

제가 좀 숫자에 약해서

열기 전 먼저 장사 공부부터 시작하기 위해 다양한 가게의 사장님들을 만나 이야기를 나눴습니다. 그들의 노하우를 배우기 싶었기 때문입니다.

그런데 대화를 하다가 깜짝 놀랐습니다. 자신이 운영하는 가게 매출이 얼마인지, 하루 평균 매출은 얼마인지 모르거나 대충 아는 사람들이 수두룩했던 것입니다. 어떻게 이걸 모를 수 있을까 싶었지만, 실제로 많은 사람들이 딱히 기억하지 않아도 된다고 생각하는 것 같았습니다.

"하루 얼마나 버세요?"

"아, 그게…. 잠시만요. 포스 좀 확인해볼게요."

포스는 가게에서 물건을 구입하면 결제해주는 기계로, 제품이 팔릴 때마다 가게 매출을 기록하고 영업 마감할 때 정산을 도와줍니다. 따라서 이 포스에는 하루의 매출현황이 전부 기록되어 있고, 이것만 보면 매출이 얼마인지 알 수 있습니다. 그래서인지 "포스만 보면 되니 딱히 기억해둘 필요는 없죠"라는 사장님이 많습니다. 또 "그런 건 몰라도 돼요. 장사만 잘하면 돼죠"라며 어물쩍 넘어가기도 합니다.

장사의 목적은 돈을 벌기 위해서가 아닌가요? 돈을 벌려고 장사를 하는데 하루 얼마 버는지도 모르는 것이 정상적일까요? 매출뿐만 아니라 멸치국숫집 사장님처럼 원가를 모르는 사람도 많습니다. 내가 파는 음식에 들어가는 비용이 얼마인지 알아야 얼

1 시작은 기초체력 다지기

마가 남는지 알 수 있는데, 그것을 모르니 남은 돈이 정확할 리가 없습니다. 매출에서 원가를 제하고 남은 돈으로 임차료도 내고, 인건비도 지불하고 하는데 말입니다. 그러면서 "장사는 되는 것 같은데 현금이 모이질 않네요"라는 말을 합니다. 정말 복장 터집니다.

하지만 사장님들을 비웃을 수만도 없습니다. 회사에 다니는 우리도 마찬가지니까요. 직장인들에게 통장에 찍히는 월급이 얼마냐고 물으면 정확히 대답하는 사람은 거의 없습니다. 연봉계약서에 있는 세전 연봉금액은 대충 기억하지만 통장에 찍힌 월급은 모르는 겁니다. 통장에 들어온 돈으로 카드대금 내고, 공과금 내고 할 텐데 말입니다. 그러면서 우리 역시 "연봉이 적어서 그런지 돈이 잘 안 모이네"라고 한탄합니다.

돈을 잘 모으는 사람을 잘 보면 자신의 수입과 지출을 정확하게 알고 있습니다. 쿡 찌르면 술술 나올 정도로 잘 정리해둡니다. 현재 얼마나 버는지 정확히 알아야 목표하는 돈을 모으기 위해 무엇을 해야 할지 정할 수 있기 때문입니다.

중요한 숫자는 기억해둬라

직장에서 중요하게 다뤄지는 숫자는 반드시 알고 기억하고 있는 것이 좋습니다. 그래야 상황판단이 되고 문제를 발견해 해결책을 마련할 수 있습니다. CEO가 재무제표, 즉 회사의 재무상태와 실적을 보여주는 문서를 살펴봄으로써 회사의 방향을 가늠하고 경영판단을 내리는 것처럼 말입니다.

그럼 회사에서 반드시 알아야 하는 중요한 숫자는 무엇일까요? 바로 업무와 관련해서 자주 나오는 숫자입니다. 특히 선배나 팀장님이 자주 이야기하는 숫자들은 암기하는 것을 추천합니다.

예를 들어 자신이 재무팀이라면 회사의 자산, 부채, 자본 총액과 매출액, 영업이익, 재무비율 등 재무제표의 중요한 숫자와 지표를 기억해둡시다. 홍보팀은 시장점유율과 회사의 주가 및 광고 집행비를, 영업팀이라면 판매하는 제품의 판매액과 판매촉진비 및 매출채권을, 생산팀이라면 공장관리비, 제조원가 등의 숫자를 정확하게 숙지해야 합니다.

또 하나! 중요한 숫자는 원 단위까지 정확하게 외우는 것이 좋습니다. 외우는 게 어렵다면 표로 정리해서 가지고 다니는 것도 괜찮습니다. 표를 출력해서 눈에 잘 띄는 파티션에 붙여 놓거나 플래너에 넣고 자주 꺼내보며 눈에 익힙시다.

원 단위까지 외우는 것이 어렵다면 회사에서 주로 사용하는 단위로 외우는 것도 좋습니다. 대신 단위는 정확하게 알고 말할 수 있어야 합니다. 예를 들어 30억 원인데 3억 원으로 착각하면 절대 안 됩니다. 어느 영업팀 직원이 자사 제품의 가격을 착각해서 판매한다고 생각해봅시다. 300만 원 짜리를 30만 원에 판매한다면 회사를 망하게 만들 수도 있습니다. 대형금융회사에서 배당금을 입력할 때, 주와 금액을 헷갈려 배당하는 바람에 회사의 주가가 폭락하고 그 틈에 불법행위를 저지른 직원들이 구속당한 일도 최근에 발생했지요. 조심하고 또 조심합시다.

제가 재무팀에서 근무하던 시절에 있었던 일입니다.

그때 회사에서 제일 잘나가던 우리 팀 과장님이 미션을 줬습니다. 회사의 중요한 재무수치 3개년치를 외우라는 거였습니다. 과장님이 지나가다 "영업이익" 하며 저를 툭 치면 "네, 532억 7892만 8291원입니다"라고 원 단위까지 정확하게 말할 수 있을 정도로 말입니다. 처음엔 '내가 미운가? 나를 괴롭히려는 건가?'라고 생각했지만 과장님의 카리스마가 대단했고, 또 살짝 무섭기도 해서 닥치고 외웠습니다.

그런데 이 암기가 재무팀 회의 때 힘을 발휘했습니다. 팀장님께서 "우리 회사 작년 이익이 얼마였지?"라고 물었습니다. 다들 자료를 찾을 때 제가 바로 "532억 7892만 8291원이었습니다"라고 답하자 저를 보는 팀장님의 눈빛이 달라졌습니다. 저는 그때 그 숫자를 외우게끔 시키셨던 과장님께 마음속으로 감사 인사를 드렸습니다.

중요한 숫자를 외우면 뭐가 좋을까요? 중요한 숫자를 외우고 있다는 것은 그만큼 일에 대해 관심과 책임감을 갖고 있는 것으로

제가 좀 숫자에 약해서

여겨집니다. 숫자와 관련된 질문에 정확히 대답하는 모습을 상사에게 보여주면 보고서에서 원 단위를 틀려도 어쩌다 실수했구나 하며 쉽게 넘어갑니다. 하지만 물을 때마다 대답을 제대로 못하면 정확한 숫자를 말했을 때에도 "그거 정말 맞아? 자료 가져와봐" 하며 의심을 받게 됩니다.

이익률도 모르고 팔면 오히려 손해

한 프랜차이즈 음식점에 3000원짜리 메뉴와 5000원짜리 메뉴가 있다고 가정해봅시다. 여러분이 이 음식점의 사장이라면 어떤 메뉴를 중점적으로 팔겠습니까? 당연히 5000원짜리 메뉴라고 대답하지 않을까요?

그러나 그렇게 쉽게 판단해서는 안 됩니다. 각 메뉴를 팔 때 원가인 재료비를 빼면 얼마가 남는지를 먼저 계산해야 합니다. 3000원짜리 메뉴는 70%가 남고 5000원짜리 메뉴는 40%가 남는다면 어떤 음식을 팔까요? 당연히 3000원짜리 음식입니다. 3000원짜리를 팔면 2100원이 남지만 5000원짜리는 2000원이 남기 때문입니다. 비싼 음식이라고 해서 이익률도 높은 것은 아닙니다.

얼마가 남는지 백분율로 쉽게 보여주는 것을 이익률이라고 합니다. 이익률은 이익을 매출액으로 나누고 100을 곱해주는 것입니다. 메뉴의 이익률이 얼마인지 정확하게 알면 제대로 된 판매와 마케팅 전략을 세울 수 있습니다. 예를 들어 수제버거 가게라면 이익률이 높은 프렌치프라이와 콜라를 이익률이 낮은 수제버거 단품과 묶어서 점심 한정 메뉴로 판매하는 식으로 말입니다.

영업사원이라면 자신이 판매하는 제품의 이익률을 정확히 알아야 거래할 때 유리합니다. 생산팀이라면 제조원가를 알아야 재료비용을 절감할 수 있고, 구매팀이라면 재고수량을 알아야 적정자재를 발주할 수 있습니다.

영화 〈범죄도시〉에서 범죄자인 장첸은 이렇게 말했습니다.

"내 뉜지 아니?"

섬뜩하게 쳐다보며 말하는 그에게 상대는 기죽어 꼬리를 내리며 움츠려듭니다.

강의를 하면서 만나는 직장인에게 회사와 관련된 중요한 숫자를 물어보면 절반 이상이 대답을 못하고 우물쭈물하며 고개를 숙입니다. 알더라도 정확하게 원 단위까지 아는 분들은 손에 꼽을 정도입니다. 그러면 안 됩니다. 상사가 장첸처럼 무섭게 눈을 치켜뜨며 "중요한 숫자가 뭔지 아니?"라고 살벌하게 물어본다면 "네, 당연하죠" 하면서 입에서 숫자가 줄줄줄 나오게 해봅시다.

쉼표 읽기면 아무리 긴 숫자도 빠르게

본부 내 팀별 실적 발표가 있어서 자료를 준비하고 팀장님과 회의실로 향했습니다. 회의 준비로 정신없던 회의실에 갑자기 정적이 흘렀습니다. 부사장님이 예고도 없이 등장했기 때문입니다. 재무통 출신의 부사장님은 깐깐하기로 소문나 있으신 분이라 그런지, 등장만으로도 싸늘함이 느껴지며 마음 한쪽에 불안함이 엄습했습니다.

우리 팀 순서가 되어 저는 준비한 파일을 열고 발표를 시작했습니다. 다행히 중간까지 아무 문제가 없었는데 갑자기 부사장님이 손을 들어서 발표를 끊었습니다.

"경쟁사인 A사의 B제품 매출액은 얼마입니까? 글자가 작아서 잘 안 보이네요."

"네, A사의 B제품 매출액은⋯."

분명 매출액이 스크린에 쓰여 있었지만 저는 바로 읽을 수가 없었습니다. 매출액이 커서 숫자가 길었기 때문입니다. 그래서 일단 스크린에 손을 대고 "일, 십, 백, 천, 만⋯" 하려는 순간, 옆에 있던 팀장님이 대신 대답을 했습니다.

"359억 7340만 원입니다."

"그렇군요. 다음엔 글자 크기를 좀 키우거나 단위를 줄여서 적어주세요."

"네, 알겠습니다."

숫자가 다섯 자리만 넘어가도 당황하는 저에게 이날은 트라우마가 될 정도로 아찔한 경험이었습니다. 그런데 팀장님은 어떻게 숫자를 빨리 읽을 수 있었을까요? 궁금해서 팀장님께 물었습니다.

"팀장님, 말씀 드리기 부끄럽지만 저는 숫자가 조금만 길어도 읽기가 어렵습니다. 그래서 일, 십, 백, 천, 만⋯ 이렇게 뒤에서부터 하나하나 읽습니다. 회의시간에 보니 팀장님께서는 정말 숫자를 빨리 읽으시던데, 노하우가 따로 있나요?"

"정용 씨가 숫자를 많이 안 봐서 그래요. 숫자를 많이 보다 보면 자연스레 읽혀요."

"자연스럽게 읽히려면 너무 오래 걸릴 거 같은데, 팀장님께서는 뭔가 노하우가 있는 거 같아 보여서요. 아까 팀장님께서 안 도와주셨으면 부사장님 앞에서 창피 당할 뻔했습니다."

"그럼 쉼표를 읽어요."

"쉼표요?"

제가 숫자를 읽고 싶다고 그랬지, 언제 쉼표를 읽고 싶다고 그랬나요? 하지만 팀장님께서는 다 알려줬다는 듯 웃으며 자기 자리로 돌아가셨습니다. 쉼표를 읽으라는 건 대체 무슨 소리일까요?

숫자를 잘못 읽으면 신뢰도가 떨어진다

며칠 전 한 프랜차이즈 사업설명회에 참가했습니다. 영업본부장이라는 사람이 프레젠터로 나서서 자신감 넘치는 목소리로 프레젠테이션을 진행했고 다들 집중하며 들었습니다. 그런데 문제는 가장 중요한 숫자를 설명해주는 슬라이드에서 터졌습니다. 가맹점 손익계산서를 명시한 슬라이드였는데, 발표를 하는 영업본부장이 슬라이드에 적혀 있는 숫자를 읽지 못해서 한참을 버벅거리는 거 아닙니까. 결국 그는 "아, 죄송합니다. 제가 숫자를 잘 못 읽어서…"라며 손가락으로 짚어가면서 "일, 십, 백, 천, 만…" 하고 읽었습니다. 참석자들이 가장 관심 있어 하는 숫자를 더듬더듬

읽는 모습을 보자 실망스러웠습니다. 저뿐 아니라 다른 참석자들도 신뢰도가 떨어졌는지 질의응답 시간이 되자 손익계산서에 대해 집중적으로 물어봤습니다. 중요한 숫자를 정확하고 자신 있게 읽지 못하는 모습에서 브랜드의 신뢰성에 대한 의심을 갖게 된 것은 아니었을까요?

이것은 스마트폰을 사러 대리점에 갔을 때 마음에 드는 것이 있어서 "가격이 얼마예요?"라고 물었는데 주인이 "잠깐만요, 이게 얼마더라…" 하는 것과 같습니다. 한참 후 가격표가 적힌 자료를 찾아서 알려주겠지만 고객은 이미 판매자에 대한 신뢰도가 떨어져 다른 가게를 찾게 됩니다. '자신들이 파는 물건 가격도 모르나?' 하면서 말입니다. 반대로 가격을 묻는 즉시 "네, 53만 2000원입니다. 그런데 지금은 10% 할인기간이어서 47만 8800원에 구매가 가능합니다" 이렇게 바로 대답해준다면 판매자에 대한 신뢰가 높아집니다.

숫자를 빠르게 읽는 것은 묘기가 아닙니다. 숫자에 대한 관심입니다. 또 자신감입니다.

쉼표 4개로 '천 원'에서 '일조 원'까지 단숨에

만 단위만 넘어가면 핑핑 도는 긴 숫자는 쉼표 읽기를 통해 아무리 길어도 빠르게 읽을 수 있습니다. 쉼표 4개만 외우면 됩니다.

1000원에는 쉼표가 1개 있습니다. 쉼표가 2개 있으면 100만 원입니다. 쉼표가 3개 있으면 10억 원입니다. 쉼표가 4개 있으면 1조 원입니다. 쉼표 4개로 1000원에서 1조 원까지 단숨에 읽을 수 있습니다.

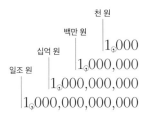

그런데 위와 같은 경우는 쉼표가 1개일 때는 숫자가 4자리, 쉼표가 2개이면 숫자가 7자리, 쉼표가 3개면 숫자가 10자리, 쉼표가 4개이면 숫자가 13자리입니다. 이렇게 딱딱 떨어지는 경우 쉼표 읽기가 수월합니다. 그런데 현실은 그렇게 딱딱 떨어지지 않습니다.

예를 들어 숫자가 9자리면서 쉼표는 2개인 숫자는 어떻게 빠르게 읽을까요?

897,989,237원

이럴 땐 먼저 쉼표 읽기로 기준 단위를 확인합니다. 쉼표가 2개니까 기준 단위는 100만 원입니다. 700만 원에서 앞의 숫자를 향해 역으로 단위를 세어나갑시다. 바로 '팔억 구천칠백구십팔만 구천이백삼십칠 원'이라고 읽을 수 있을 것입니다.

1 시작은 기초체력 다지기

쉼표로 기준 단위를 확인하고 앞 숫자를 향해 역으로 단위를 세면 숫자를 빠르게 읽을 수 있습니다. 쉼표가 2개인지 3개인지 기준 단위를 확인하고, 숫자가 8~9자리일 경우와 11~12자리일 경우의 단위를 미리 외워 놓는다면 큰 숫자에 금방 익숙해집니다. 익숙해지면 기준 단위를 따로 확인하지 않아도 자유자재로 빠르게 읽을 수 있게 됩니다.

참고로 한국 기업의 매출은 1조 원이 넘는 경우가 많지 않습니다. 우리나라의 영리법인 기업은 수십만 개가 있지만 매출액이 1조 원이 넘는 기업은 0.1% 미만입니다. 따라서 쉼표 4개로 1조까지 읽을 수 있다면 그보다 더 큰 수를 마주해서 당황하는 일은 거의 없습니다.

쉼표를 세 자리마다 찍는 이유

그런데 왜 쉼표를 세 자리마다 찍을까요? 우리나라는 원래 '만, 억, 조' 이렇게 만 단위로 있어서 네 자리 숫자마다 쉼표를 찍었습니다. 그런데 영어에서는 '천(thousand), 백만(million), 십억(billion)' 이렇게 세 자리마다 쉼표를 찍습니다. 이것이 국제표준이 되면서 모든 국가에서 함께 쓰게 된 것입니다. 한국의 남대문 시장에서 물건을 살 때도, 이탈리아 피렌체의 가죽시장에서 물건을 살 때도 숫자에 찍는 쉼표의 위치는 똑같습니다. 어딜 가든 세 자리마다 쉼표를 찍어 숫자를 다르게 읽어서 생기는 오해의 소지를 없앤 것이지요.

그렇다면 이번에는 달러 기준으로 숫자를 읽어봅시다.

쉼표가 1개면 1000달러, 2개면 100만 달러, 3개면 10억 달러입니다. 그런데 1달러를 원화로 약 1000원이라고 가정하면 1000달러는 100만 원, 100만 달러는 10억 원, 10억 달러는 1조 원입니다. 달러 기준 숫자는 쉼표를 3개만 알아도 원화로 100만 원에서 1조원까지 쉽게 읽을 수 있습니다.

여기서 가장 중요한 포인트!

각 회사에서 가장 많이 사용하는 숫자 단위는 따로 있습니다. 큰 숫자의 경우 억 단위를, 조금 작다면 백만 단위를 많이 사용하지요. 따라서 많이 사용하는 단위로 숫자 읽기를 연습한다면 더 빠르게 숫자를 읽을 수 있습니다.

숨어 있는 쉼표 '단위'를 조심하라

쉼표 읽기가 수월해졌다면 큰 숫자에 대한 두려움도 많이 사라졌을 것입니다. 그러나 아이언맨도 하늘을 날다 떨어질 수 있는 것처럼, 숨어 있는 악당의 기운을 느끼지 못하면 비수에 분명 당하고 맙니다. 숫자에서 무서운 악당은 바로 숨어 있는 쉼표라고 할 수 있는 '단위'입니다.

다음 숫자를 읽어봅시다.

〈단위: 천 원〉

1,000

이럴 때는 단위를 포함시켜서 '천 원'이 아닌 '백만 원'으로 읽어
야 합니다. 그런데 회의석상에서 단위를 못 보고 그냥 '천 원'으로
읽으면 어떻게 될까요?

"너 지금 뭐하니이이이? 그게 어떻게 천 원이야!"

호통치는 부장님의 목소리가 귓가에 들리는 듯합니다. 숨어 있
는 쉼표인 단위를 확인하고 숫자를 읽어야 이런 불상사를 막을 수
있습니다.

숫자를 아무리 빠르게 읽어도 숨어 있는 쉼표인 단위를 발견하
지 못하면 오히려 문제가 커집니다. 숫자를 읽기 전에 단위부터
먼저 확인하고 읽는 습관을 만듭시다. 결산서나 재무제표처럼 숫
자가 빼곡히 적힌 표에 모든 숫자를 다 적는 경우는 많지 않습니
다. 단위는 표의 가장 위 오른쪽에 위치합니다. 표를 만들 때는 먼
저 단위를 표시하고 표에 숫자를 적습니다. 표를 볼 때도 우측 상
단에서 단위를 먼저 확인하고 나서 숫자를 읽으면 됩니다.

잘못된 단위 표시는 회사에 손실을 끼친다

읽는 것과 별개로 표를 만들 때 단위를 잘못 표시하면 곤혹스러
운 상황이 생길 수 있습니다.

재무팀에서 근무할 때 주주총회에서 쓸 영업보고서를 작성한 적이 있습니다. 영업보고서는 주주총회에 참가하는 주주들에게 배포할 목적으로 작성하는 보고서로, 1년 동안 회사가 거둔 실적과 재무상태, 방향을 담아야 합니다. 그런데 손익계산서 위에 표시하는 단위를 '억 원'으로 써야 하는데 실수로 '백억 원'이라 쓴 겁니다.

　영업보고서는 인쇄소를 거쳐서 대량으로 제작하기 때문에, 내용이 하나라도 틀리면 수정해서 다시 인쇄해야 합니다. 다행히 인쇄 전에 '백억 원'을 발견해서 수정할 수 있었지만 만약 그대로 인쇄해 배포했다면 어떻게 됐을까요? 주주들은 잠시나마 회사의 손익이 100배 뛰었다며 좋아했을 수도 있지만, 실제 배당은 100배가 나오지 않아 회사에 항의를 했을 겁니다. 그것을 뒷수습하는 생각만 해도 아찔합니다.

　주주총회가 끝난 뒤 선배한테 솔직하게 실수를 고백했습니다. 저를 창고로 끌고 가 한마디 할 줄 알았는데 선배는 그러지 않았고, 오히려 본인도 전에 비슷한 일을 겪었다며 위로해주었습니다. 자신의 실수를 주주총회 전날 발견한 그 선배는 수천 부의 영업보고서를 하나하나 펼치고 잘못 표기된 부분에 수정 스티커를 밤새 붙였답니다.

1 시작은 기초체력 다지기

전화 통화에서는 아무리 귀를 기울여도 상대의 말을 잘못 들을 수 있습니다. 아나운서가 아닌 이상 발음이 다 다르므로 실수가 발생하곤 하죠. 전화 통화로 숫자를 정확하게 전달하려면, 우선 긴 숫자일 경우 세 자리 또는 네 자리씩 끊어서 불러주면 됩니다. 또 잘못 알아듣거나 말할 수 있는 숫자를 미리 체크합니다. 그리고 일, 이, 삼 같은 한자어가 아니라 하나, 둘, 셋 같은 고유어로 말하면 됩니다. 예를 들어 '0123'이라면 '공 하나 둘 셋' 이렇게 불러주면 정확하게 전달할 수 있습니다.

제가 좀 숫자에 약해서

숫자 업무의 비밀병기, 계산기

'ASMR'이라는 것을 아시나요? ASMR은 자율감각 쾌락반응(Autonomous Sensory Meridian Response)의 줄임말로, 심리적인 안정을 유도하는 소리나 영상을 의미합니다. 사각사각 연필 깎는 소리, 소곤소곤 말하는 소리, 토닥토닥 두드리는 소리, 주룩주룩 내리는 빗소리 등의 반복적인 소리가 신경을 자극해서 기분을 좋게 만든다는 겁니다. 잠을 잘 못자는 사람들은 ASMR를 들으며 숙면을 취하기도 해서, ASMR은 음향 안정제 또는 속삭임 치료라고도 불립니다.

저 역시 자주 듣는 ASMR이 있습니다. 바로 계산기로 계산하는 소리입니다. 계산기 소리를 들으면 마음이 차분하게 가라앉고 평온해집니다. '계산기 소리를 들으면 마음이 평온해지다니 특이한 사람이네'라고 생각할 수도 있습니다. 그런데 계산력을 강화하려면 계산기 소리를 ASMR처럼 들어야 합니다.

계산기 유물론자들

"계산이 틀려서 팀장님께 올린 보고서가 자주 반려돼요. 정말 계산 좀 잘하고 싶은데 좋은 방법이 없을까요?"

이런 질문을 하는 사람들이 종종 있습니다. 그럴 때마다 제 대답은 같습니다.

"계산은 꼭 계산기로 하세요. 스마트폰이나 PC에 있는 계산기 말고 전자계산기 말입니다."

"그런 낡은 유물을 아직도 쓴다고요? 번거롭게 그걸 왜 들고 다녀요? 스마트폰에 계산앱이 있는데?"

이렇게 반응하는, 계산기를 유물로 여기는 계산기 유물론자들이 있습니다. 이런 분들에게 신구 씨의 목소리를 빌려 답해주고 싶습니다.

"니들이 계산을 알아?"

물론 계산기가 없어도 엑셀을 사용하면 복잡한 계산을 눈 깜짝

할 사이에 끝낼 수 있지요. 그러나 계산기에는 그것만의 매력이 있습니다. 저는 계산기를 이렇게 정의합니다.

"실용성과 홍보를 겸비한 사무실의 비밀병기."

병은 의사에게, 약은 약사에게, 계산은 계산기에게

자, 이런 상황을 상상해봅시다. 팀장님이 갑자기 불러 아침에 올렸던 보고서를 보며 묻습니다.

"이거 계산 맞아, 틀려?"

그때 "잠시만요, 계산해보겠습니다"라며 자리에 가서 엑셀을 열고 계산할까요? 팀장님이 인내심을 갖고 기다려줄까요? 이처럼 사무실에서는 빠른 계산이 필요한 순간이 있습니다. 품속에 있던 계산기를 꺼내 타다닥 타다닥 계산을 마치고 팀장님께 "28.68%, 맞습니다. 팀장님"이라고 할 수 있다면, 여러분을 바라보는 팀장님의 눈빛은 가을 하늘처럼 청량하고 맑게 바뀔 겁니다.

계산기의 강점은 계산이 필요한 순간 가장 빠르게 계산을 완료해 보여줄 수 있다는 것입니다. 스마트폰으로 계산하면 되지 않느냐고 반문하는 분도 계시겠지만 우리, 솔직해지죠. 스마트폰 앱으로 계산할 때 0을 누른다는 것이 2를 누르는 식으로, 터치를 잘못해서 다시 계산하길 반복했던 적 있지 않나요? 또 숫자를 눌러야 되는데 C를 잘못 눌러서 다 지워지는 경우도 많지 않았나요? 저처럼 손가락이 살찐 사람은 그런 참사를 자주 겪습니다. 살찐 손가락을 의미하는 영어 '팻핑거(Fat Finger)'는 주식매매에서 담당자가 컴퓨터로 주문을 잘못 입력해 발생하는 실수를 가리키는 말이 되기도 했습니다.

여유가 넘칠 때는 스마트폰을 사용해도 큰 실수를 안 하지만, 마음이 급할 때는 잘못 누르는 실수를 하기 쉽습니다. 그래서 스마트폰으로 계산해서는 안 됩니다. 더욱이 상사가 앞에서 빤히 쳐다보고 있으면 계산이 잘될 리 없습니다. 잘못 계산한 값으로 보고하면 어떻게 될까요? 여러분의 상상에 맡깁니다.

어떤 사람들은 자신의 머리에 의존하여 암산을 하기도 합니다. 그런데 암산을 잘못해서 틀린 결과를 보고한다면? 일주일 동안 먹은 점심메뉴를 10초 안에 다 떠올릴 수 있나요? 당장 어제 먹은 것도 헷갈립니다. 인간의 머리를 너무 맹신하지 맙시다. 우리는 언제든 실수할 수 있는 인간입니다. 천재 아인슈타인도 자기 머리를 못 믿어서 메모를 하고 다녔는데 보통사람인 우리가 어떻게 100% 믿을 수 있을까요? 병은 의사에게 약은 약사에게. 그러면 계산은 계산기에게 맡깁시다.

회계 기초 강의를 할 때 저는 재무제표를 만들어보는 실습을 병행합니다. 실습 중간중간에 계산을 해야 하는데 스마트폰으로 계산하는 것과 계산기로 계산하는 것은 속도 면에서 확연히 다릅니다. 계산기로 숫자를 입력하고 결과값을 세 번이나 확인하는 동안 스마트폰을 쓰는 분들은 여전히 입력 중에 있습니다.

빠르게 계산해야 하는 순간, 계산기를 꺼내면 속도로 주위를 압도할 수 있습니다. 그렇다고 계산기의 매력에 푹 빠져서 전자계산기 기능사 자격증을 따려고 노력하지는 맙시다. 이 자격증은 컴퓨터 정비 관련 자격증이지 계산기와는 전혀 상관없습니다.

계산기 퍼포먼스도 업무능력이다

푸드트럭에서 불쇼 퍼포먼스를 왜 할까요? 음식이 맛있으라고 하는 걸까요? 물론 불맛이 가미되긴 하겠지만, 10초도 안 되는 시간 동안의 불쇼가 재료의 퀄리티나 고된 밑작업을 뒤집을 만큼의 맛을 만들지는 못합니다. 불쇼를 하는 이유는 트럭 앞에 있는 손님들의 기대감을 높여주기 위해섭니다. 음식을 기다릴 때 내 음식에 불을 지르면 화들짝 놀라고 마음은 콩닥콩닥 뛰지만 침이 꿀꺽 넘어가며 '아, 맛있겠다'고 생각하게 만드는 퍼포먼스가 불쇼인 것이죠.

계산기를 보지 않고 계산하는 수준이 된다면 마치 푸드트럭에서 불쇼를 하는 것처럼 강력한 퍼포먼스를 선보일 수 있습니다. 계산기를 보지 않고 계산을 한다는 것이 어렵게 느껴질 수도 있습니다. 그런데 키보드를 칠 때 자판을 들여다보나요? 딱히 보지 않아도 손가락이 키보드 위를 자연스럽게 움직이며 글자를 입력하는 것처럼 계산기도 쳐다보지 않는 상태에서 사용할 수 있습니다.

계산기의 숫자판 위치를 알고 계산하는 연습을 하면 어렵지 않게 계산기 퍼포먼스를 펼칠 수 있습니다. 집게손가락을 계산기의 4 버튼에, 가운뎃손가락은 5버튼에, 새끼손가락은 6버튼에 가지런히 놓습니다. 이것을 기본자세로 삼아 계산하는 연습을 해봅시다.

저는 고등학교 시절 전자 베이스기타를 쳤습니다. 공연을 하기전에 꼭 치르는 의식이 있었는데, 바로 손가락 풀기입니다. 4줄의 베이스 선 위에 왼쪽 손가락을 올려놓고 도레미파솔라시도를 누릅니다. 그리고 오른손 집게손가락, 가운뎃손가락으로는 베이스 줄을 튕기는 핑거링 연습을 합니다. 이때 왼쪽 손가락으로 도레미파솔라시도를 일정 박자에 따라 정확하게 누르는 것이 중요합니다. 그렇게 손가락이 완전히 풀려야 합주할 때 실수를 하지 않기 때문입니다.

마찬가지로 계산기 사용에서 역시 손가락을 푸는 것이 중요합니다. 먼저 가볍게 풀어보는 방법입니다. 1과 2버튼에 검지와 중지를 나란히 올려놓고 123 456 789 456 123 AC AC AC 마치 기타줄을 누르듯 손가락 푸는 연습을 합니다. 참고로 저는 검지와 중지로 1~9 숫자를 누르고, 사칙연산 버튼은 중지로, 0과 00버튼은 엄지로 누릅니다.

이 연습이 끝나면 지갑을 열어 영수증들을 꺼내주세요. 지갑 안에는 어디서 썼는지 모를 영수증이 가득할 겁니다. 영수증이 없다면 스마트폰 문자로 날아온 카드 승인내역 창을 열어 보면 됩니다. 이것들을 계산기로 더하는 겁니다. 손을 푸는 의미에서 해보는 것이니 틀려도 됩니다. 부담 갖지 말고 편하게 계산해봅시다. 손가락도 풀리고 내가 이렇게 허튼 돈을 많이 썼나 반성하는 효과도 있습니다. 손가락의 긴장이 풀리면 계산할 때 거의 실수를 하지 않게 됩니다.

이제 실전입니다. 숫자가 많은 품의는 꼭 계산기로 계산을 해봅시다. 품의서는 대부분 한글이나 워드로 작성하는데, 여기에 엑셀에서 만든 표나 계산값을 붙이면 폰트나 문장이 깨집니다. 그래서 한글 또는 워드에서 표를 작성하고 일일이 숫자를 써넣게 됩니다. 이때 실수가 발생하는 경우가 많으니 작성 후 꼭 계산해보는 습관이 필요합니다. 오류도 잡고, 계산 실력도 늘게 되니 일석이조입니다.

계산이 많을 때는 일시정지를 해봅시다. 계산을 하다가 +버튼을 탁탁탁 세 번 눌러 일시정지를 하는 것입니다. '계산, 계산, 계산 +버튼 탁탁탁 계산, 계산, 계산 +버튼 탁탁탁' 이런 식으로 일시정지를 하면 실수를 줄이고 정확한 계산을 할 수 있습니다. 습관이 되면 아무리 많은 계산도 정확하고 리드미컬하게 해낼 수 있습니다. 주의할 점은 절대 =버튼을 누르면 안 된다는 것입니다. =버튼은 방금 입력한 공식을 동일하게 적용해서 계산하기 때문입니다. 예를 들어 2+3을 누르고 =버튼을 누르면 5가 나옵니다. 여기에 또 =버튼을 누르면 8이 나옵니다. 계속 +3을 해주기 때문입니다. 하지만 +버튼은 아무리 눌러도 계산되지 않습니다. 일시정지를 할 때 =버튼을 누르지 않도록 주의합시다.

계산기 기본 버튼 이해하기

우선 계산기를 켜보죠. AC버튼 또는 C/CE버튼을 누르면 계산기가 켜집니다.

계산기를 잘 보면 +버튼이 가장 큽니다. 그 이유는 +버튼을 가장 많이 사용하기 때문입니다. +버튼과 함께 가지런히 놓인 사칙연산 버튼은 누구나 알고 있으니 넘어가겠습니다. 공식을 입력하고 값을 구하려면 =버튼 또는 사칙연산 버튼 중 아무거나 누르면 됩니다.

계산기를 사용할 때 가장 자주 하는 실수는 숫자를 잘못 입력하는 것입니다. 이때 우리는 습관적으로 AC버튼을 누릅니다. 그런데 AC버튼의 의미를 알고 누르는 사람이 드뭅니다. AC는 올클리어(All Clear)의 약자로 다 지운다는 뜻입니다. 영화 〈맨인블랙〉의 주인공들이 외계인을 본 사람들의 기억을 기억제거장치로 없애버리는 것처럼, AC버튼은 숫자와 계산 전부를 지워버리고 새롭게 시작하는 기능입니다.

3+4+5 계산을 하는데 마지막에 5가 아닌 6으로 잘못 눌렀습니다. 이처럼 마지막에 누른 숫자가 틀렸을 때는 굳이 AC를 누르

지 않아도 됩니다. AC를 누르면 3+4의 계산까지 다 사라지기 때문입니다. 6을 5로 고치고 싶다면 백스페이스 기능이 있는 →버튼을 누르면 됩니다. →버튼은 숫자가 두 자리 이상일 때 한 자리씩 삭제할 수 있습니다.

"내 계산기에는 이런 버튼이 없어요!"

이런 분들은 AC버튼이 아닌 C/CE버튼, 즉 클리어(Clear)버튼을 누르면 마지막에 입력한 숫자만 삭제하고 다시 입력할 수 있습니다. 다만 →버튼처럼 한 자리씩 삭제하는 것은 불가능합니다.

이어서 M+와 M−버튼을 보죠. M은 메모리(Memory)의 약자입니다. 계산기에서 M은 숫자 또는 공식을 기억하는 메모리 기능 버튼입니다. M+는 양수로 기억하고, M−는 음수로 기억합니다. MR버튼은 메모리 리콜(Memory Recall), 즉 기억한 숫자 또는 공식을 소환합니다.

9를 입력하고 M+를 누르면 계산기는 +9를 기억하며, 액정에 MEMORY나 M이라는 글자가 뜹니다. 숫자 3을 누르고 ×버튼을 누르고, MR버튼을 누르면 이미 기억한 +9를 소환합니다. 그리고 =버튼을 누르면 27이라는 계산값이 나옵니다.

응용을 해보죠. 9를 입력하고 M−를 누르면 계산기는 −9를 기억합니다. 숫자 3을 누르고 ×버튼을 누르고, 마지막으로 MR을 누르면 −9를 소환합니다. 여기에 =버튼을 누르면 −27이 표시됩니다.

M버튼을 이용하면 숫자뿐 아니라 공식도 기억시킬 수 있습니

1 시작은 기초체력 다지기

반올림, 내림, 올림 세팅 •

현재 숫자 지우기 •

저장한 값, 공식 삭제 •

저장한 값, 공식 소환 •

-로 기억 •

+로 기억 •

입력한 값, 공식
모두 삭제 •

전원
/ 방금 입력한
값, 공식 삭제 •

소수점 자리 세팅 •

누적된 계산값을 더함 •

마진율, 세금 계산 •

다. 이제 M버튼을 이용해서 아래 공식을 한 번에 계산해봅시다.

$(3×6)+(4×2)-(2×2)$

3×6을 누르고 M+, 4×2를 누르고 M+, 2×2를 누르고 M-를 누릅니다. 그리고 MR 버튼을 누르면 공식을 계산한 값을 소환해서 22가 나옵니다. =버튼을 누르지 않아도 값이 나옵니다. M버튼은 수수료 계산처럼 빼고 더해야 하거나 사칙연산이 혼합된 공식을 계산할 때 사용하면 편합니다.

M시리즈의 마지막 버튼 MC는 마이크가 아니라 메모리 클리어(Memory Clear)를 뜻합니다. 기억시켜둔 숫자나 공식을 모두 지우고 싶다면 이 MC버튼을 누르면 됩니다. 하지만 현재 입력하고 있는 숫자는 지워지지 않으니 이를 포함해서 모든 숫자를 지우고 싶다면 앞에서 배운 AC버튼을 누르면 됩니다.

어떤 계산기에는 M 대신 MRC버튼이 있는데, 이것은 MR 기능과 MC 기능이 혼합된 버튼입니다. 1번 누르면 MR, 2번 누르면 MC의 역할을 합니다. 또 같은 기능이지만 영어의 앞뒤를 바꿔 RM, CM버튼으로 표시된 계산기도 있습니다.

계산기 한쪽 구석에 있는 GT버튼은 뭐하는 것인지 궁금하지만 한 번도 눌러보지 않은 사람이 더 많을 겁니다. GT버튼은 지금까지 계산을 한 결과의 누적을 표시합니다. 1번 누르면 저장된 값을 소환하고, 연속으로 2번 누르면 메모리가 삭제됩니다.

5×5=25를 계산하고 3×4=12를 계산했는데 두 값을 더하고 싶

다면 GT버튼을 누르면 됩니다. 그러면 두 개의 공식을 합한 값 37이 나옵니다. GT버튼은 +만 적용됩니다. 만약 두 개의 공식을 더하고 빼고 혼합해서 사용하고 싶다면 M버튼을 이용합시다. GT+, GT−버튼이 따로 있는 계산기라면 더하기와 빼기를 모두 구할 수 있습니다.

 퍼센트 값을 손쉽게 구하는 버튼도 있습니다. 바로 %버튼입니다. 10,000원짜리 제품을 구입하는데 10% 할인을 받는다면 얼마를 내야 할까요? 이때 계산기에 숫자 10,000을 입력하고 곱하기 버튼을 누르고 10을 입력합니다. 그리고 %버튼에 이어 −버튼을 누르면 할인액을 제외한 실지급액 9,000원을 구할 수 있습니다. 회사에서는 인건비 원천징수를 계산할 때 사용하면 편리합니다. 프리랜서에게 1,000,000원을 지급하기로 했다고 해보죠. 프리랜서는 사업소득세 3.3%를 원천징수하니 1,000,000원에서 3.3%를 제외하고 남은 금액을 지급해야 합니다. 계산기에 1,000,000을 입력하고 ×버튼을 누릅니다. 3.3을 입력하고 %버튼을 누릅니다. 그러면 33,000원 원천징수액이 계산됩니다. 33,000원을 제외하고 실지급액을 구하는 것이니 − 버튼을 누르고 =버튼을 누르면 지급해야 하는 돈 967,000원이 나옵니다. 이 기능을 모르면 원천징수액을 먼저 구해 메모해놓은 뒤 총지급액에서 그 돈을 또 빼야 합니다. 한 번에 할 수 있는 계산을 두 번에 나눠 하지는 맙시다.

 계산기에는 이외에도 잡다하지만 유용한 기능들이 있습니다.

바로 버튼이 아니라 스틱으로 설정하는 것들입니다.

먼저 소수점을 조정하는 F 4 2 0 A가 있습니다. F는 소수점 계산 없이 계산기에서 가능한 수를 모두 표시해줍니다. 4 2 0 A는 소수점 이하 숫자를 각 숫자에 맞춰 나타내줍니다. 2로 설정했다면 숫자는 4.22, 5.13처럼 소수점 둘째자리까지 나타납니다. A는 소수점 이하 둘째자리까지 자동으로 올려주거나 버립니다.

↓5/4↑는 내림, 반올림, 올림을 지정해주는 기능입니다. 5/4는 4까지는 버리고, 5부터 올려주는 반올림 기능입니다. ↓를 설정하면 소수점 자리 이하 숫자를 내려주고, ↑를 설정하면 소수점 자리 이하 숫자를 올려줍니다. 계산기에 따라서는 CUT과 UP버튼으로 되어 있기도 한데, CUT은 소수점 자리 이하 숫자를 무조건 버리고 UP은 소수점 자리 이하 숫자를 무조건 올립니다.

예를 들어 계산기에서 11.1111×2를 계산하면 22.2222가 나옵니다. 그런데 ↓설정 뒤 소수점 지정을 2로 하면 22.22가 나오고, 반대로 ↑설정 뒤 소수점 지정을 2로 하면 22.23이 나옵니다.

나만의 계산기를 장만하고 싶을 때 따질 것들

만약 계산기가 없다면 손에 꼭 맞는 나만의 계산기를 하나 장만합시다. 인터넷 쇼핑몰에서 찾아보면 기능, 디자인 등이 각기 다른 다양한 계산기가 있습니다. 계산기를 선택할 때 가장 중요한 건 나에게 잘 맞는 계산기입니다.

　손이 크다면 버튼을 누를 때 실수가 없도록 버튼이 큼지막하게 나온 계산기가 좋습니다. 버튼을 누를 때 기분 좋은 느낌, 즉 타건감이 중요하다면 매장을 방문해서 직접 눌러보고 고르면 됩니다. 계산기의 액정은 각도를 조절할 수 있게 만들어진 것이 좋습니다. 액정 각도가 평면으로 고정되어 있는 계산기는 조명이 반사되어 숫자가 잘 안 보일 때도 있습니다. 계산한 결과가 잘 안 보인다고 내 고개를 조절하지 말고 액정 각도가 조절되는 것으로 구입합시다. 마지막으로, 가지고 다닐 때 편한 휴대성이 좋은 계산기라면 언제 어디서든 함께할 수 있습니다.

　참고로 저에게 가장 좋은 계산기는 튼튼하고 오래 쓰는 계산기입니다. 저는 신입사원 때 구입했던 TRF 계산기를 사용하고 있는데, 얼마나 튼튼한지 지구가 멸망해도 작동할 것 같습니다. 다만 신입사원 때라 조금이라도 저렴한 게 좋다고 생각해서 액정 각도가 조절이 안 되는 걸 구입한 것이 아쉽지만, 그래도 10년 넘게 함께한 제 '소울메이트'입니다.

　언제 어디서든 계산이 필요한 순간, 여러분의 비밀병기 계산기를 꺼내 정확하고 빠른 계산을 보여주시길!

+ (5) +

직장인의 최종병기, 엑셀

회사에 입사한 지 3개월, 정신없던 신입사원 연수가 끝나고 영업관
리팀에 배치받았습니다. 영업관리팀은 지점 매출과 매출채권을 관
리하는 부서로, 현장보다는 사무실에서 주로 일을 합니다. 처음 출
근하자마자 선배는 제게 물었습니다.

"엑셀 할 줄 알지?"

"네!"

"그래, 요즘 엑셀 못하면 취업도 못하지."

"그렇죠, 기본이죠."

말은 본능적으로 뱉었지만, 마음속의 저는 '저는 엑셀 모릅니다. 그런데 취업했습니다. 죄송합니다. 죄송합니다'라고 외치고 있었습니다.

이렇게 엑셀을 처음 만났습니다. 스타벅스랑 비슷한 초록색의 엑셀 아이콘. 이 아이콘을 두 번 클릭하니 줄이 좍좍 쳐 있는 화면이 나옵니다. 칸이 여러 개고 칸마다 숫자나 글자를 입력할 수 있습니다. 화살표를 누르니 누르는 방향에 따라 직사각형이 움직이네요. 대학때 교양수업이었던 〈컴퓨터 활용능력〉을 잘 들을걸…. 인터넷으로 살며시 엑셀 사용법을 검색하는 순간, 그림자가 모니터에 비칩니다. 일을 준 선배입니다.

"작년이랑 올해의 각 지점 판매량 자료인데 비교하게 분석 데이터 좀 만들어줘. 파일은 메일로 보낼게."

"네, 알겠습니다."

아니, 제가 창조주도 아니고 데이터를 어떻게 만들죠? 데이트는 할 줄 아는데 데이터는 어떻게 해야 하나요? 본능적으로 할 수 있다고 답은 했지만 후회가 몰려옵니다.

띠딩.

메일이 도착했습니다. 벌벌 떨리는 손으로 마우스를 움직여 메일을 열었습니다. 파일을 다운받아 열어보니 숫자가 출근길 아침 2호선 안의 승객들마냥 **빽빽**합니다. 제가 할 수 있는 거라곤 화살표를 움직여 칸을 이동하는 것뿐…. 분명 이 파일과 저 파일을 합치라는 거 같은데, 문제는 제가 그 방법을 모른다는 겁니다.

'아, 아무것도 할 줄 모르지만 처절하게 아무것도 안 하고 싶다.'

순간 마음속에서 임재범의 〈고해〉가 들려옵니다.

'어찌합니까, 어떻게 할까요. 감히 제가 감히 엑셀을 해야 합니다.'

데이터 관리에 최적화된 계산 프로그램

엑셀을 처음 실행해보면 당황합니다. 워드프로세서를 처음 열면 백지가 떠서 여기에 글을 쓰면 되겠다 싶은데, 엑셀을 처음 열면 수백 개의 빈 칸이 뜨니까요. 그것을 가만히 보고 있으면 〈매직아이〉를 볼 때처럼 눈만 어지러워집니다. 선조들이 봤다면 '이게 무엇에 쓰는 물건인고?' 하며 오목이라도 뒀겠지만 우리는 엑셀로 일을 해야 합니다. 저도 회사에 입사하고 나서 엑셀을 처음 만났는데, 첫인상은 황당무계 그 자체였습니다.

하지만 엑셀에 능숙해지면 엑셀 없이 산다는 것이 불가능해집니다. 엑셀로 할 수 있는 것이 무궁무진하기 때문입니다. 엑셀로 보고서를 작성하고 프레젠테이션 자료도 만드는 건 기본이고 심지어 그림을 그리는 사람도 있습니다.

엑셀을 사용해야 하는 이유는 회사가 숫자로 둘러싸여 있는 숫자의 무한도전을 받는 세계이기 때문입니다. 숫자의 도전에서 이

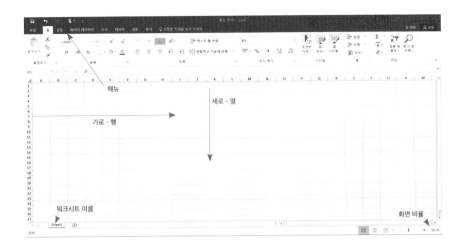

메뉴

세로 - 열

가로 - 행

워크시트 이름

화면 비율

Sheet1

기려면 데이터 관리가 필수적인데, 데이터 관리에 최적화된 계산 프로그램이 바로 엑셀입니다. 워드프로세서가 단순히 텍스트 입력을 위한 것이라면, 엑셀은 방대한 숫자 데이터를 관리하기 위해 만들어진 프로그램입니다. 계산기로 일일이 계산하면 하루 종일 걸릴 계산을 엑셀은 10분 만에 끝낼 수도 있습니다.

대부분의 회사에서는 엑셀을 사용해서 숫자와 관련된 업무를 처리하므로, 엑셀을 모르면 숫자 관련 업무도 못한다는 이야기가 됩니다. 따라서 숫자와 친해지기 위해서는 엑셀에 익숙해지는 것이 필수입니다.

엑셀을 켜면 나오는 첫 화면을 워크시트라고 부릅니다. 워크시트는 직사각형 모양의 칸으로 이루어져 있는데, 이 한 칸 한 칸을

제가 좀 숫자에 약해서

셀이라고 합니다. 가로는 행, 세로는 열이라고 부릅니다.

자, 그럼 이제 본격적으로 엑셀을 처음 만났을 때 알아야 할 것들부터 배워보죠.

엑셀의 기본, 단축키

재무팀 근무 시절 A팀 팀장님이 업무에 필요한 회계자료를 요청했습니다. 회계 시스템에서 자료를 다운받아 엑셀 파일로 보기 좋게 정리는 했는데 자료의 양이 어마어마했습니다. 저는 A팀 팀장님에게 메일로 자료를 첨부해 보냈습니다. 그런데 잠시 후 A팀 팀장님으로부터 전화가 왔습니다. 도움이 필요하다며 잠깐만 내려와보라는 겁니다. 저는 팀장님 자리로 갔다가 깜짝 놀랐습니다. A팀 팀장님은 방대한 자료를 하나하나 마우스로 드래그해서 보고 있었습니다. 드래그로는 밤새 손목이 나가도록 해도 못 볼 분량이 었는데 말입니다. 엑셀 단축키를 알려드리자 팀장님은 신세계를 접한 탐험가처럼 눈을 반짝이며 자료를 검토하기 시작했습니다. A팀 팀장님처럼 단축키를 모르고 엑셀을 쓰면 퇴근시간이 늦어지기 십상입니다.

주 52시간 근무제가 도입되면서 업무시간이 줄어들었습니다. 하지만 일이 준 것은 아니기에 같은 시간 동안 처리해야 할 일의 양은 오히려 늘어났다고 할 수 있습니다. 이때 엑셀의 단축키를 이

용한다면 같은 시간 동안 더 많은 일을 처리해 고과점수도 쭉쭉 올라갈 수 있지 않을까요? 당장 엑셀의 단축키를 익혀봅시다. 엑셀은 단축키만 잘 써도 고수처럼 보일 수 있습니다.

셀을 이동할 때

셀을 이동할 때는 원하는 방향의 화살표 키를 누르면 됩니다. 워크시트 이동을 하고 싶을 때는 Ctrl을 누른 상태로 Page Down을 누르면 왼쪽에서 오른쪽 시트로 이동하고, Page Up을 누르면 오른쪽에서 왼쪽 시트로 이동합니다. 워크시트 이동은 같은 엑셀 파일 안에서만 가능합니다. 워크시트 안에서 제일 밑에 있는 데이터로 이동하고 싶다면 Ctrl과 ↓키를, 제일 위에 있는 데이터로 이동하고 싶다면 Ctrl과 ↑키를 누르면 됩니다.

덧붙여서 A팀 팀장님에게 알려드린 단축키는 Page Up, Page Down입니다. 방대한 양의 자료를 볼 때 이 키를 이용하면 마우스로 드래그하지 않아도 화면이 보기 편하게 이동합니다. Page Up을 누르면 위로, Page Down을 누르면 아래로 이동합니다. 참고로 Page Up과 Page Down은 대부분의 프로그램에서 사용 가능하니 마우스로 손목을 학대하지 말고 단축키를 사용합시다.

데이터 찾을 때

특정 데이터를 찾고 싶다면 Ctrl을 누른 상태로 f를 누릅니다.

제가 좀 숫자에 약해서

특정 내용을 다른 내용으로 모두 바꾸고 싶다면 Ctrl과 h를 함께 누른 뒤 찾을 내용과 바꿀 내용을 입력해주면 쉽게 작업할 수 있습니다.

데이터 한꺼번에 선택할 때

전체 데이터를 한꺼번에 선택해야 하는데 데이터의 양이 너무 많을 때가 있습니다. 그럴 때 Ctrl과 a를 함께 누르면 전체 셀이 선택됩니다. 원하는 셀만 선택하고 싶을 때 좌우 선택은 Shift와 ← 혹은 →를 누르고, 상하 선택은 Ctrl과 Shift를 동시에 누른 채 ↑ 혹은 ↓를 누르면 됩니다.

이것만은 기억해줘, 중요한 단축키들

가장 많이 눌러줘야 하는 단축키는 바로 Ctrl과 s, 즉 저장하기 버튼입니다. 엑셀 작업을 하다 보면 창을 여러 개 띄워놓는 경우가 많습니다. 그러다가 갑자기 컴퓨터가 멈추면? 지금까지 작업했던 데이터는 찾을 수 없는 곳으로 사라지고 야근지옥이 시작됩니다! Ctrl과 s를 주기적으로 눌러주면 그런 일은 방지할 수 있습니다.

F12는 현재 파일에 덮어서 저장하지 않고 다른 이름으로 저장할 때 쓰는 단축키입니다. 틀이나 레이아웃은 변경이 없고 내용만 바꿀 때 많이 사용합니다. 예를 들어 6월 보고서를 엑셀로 작성할

때 5월 보고서 엑셀 파일을 열어 6월 내용을 입력하고 F12를 누른 뒤 6월 보고서 이름으로 저장하면 되는 것이지요. 단, 이때 Ctrl과 s를 눌러버리면 5월 보고서는 사라지고 6월 보고서가 남을 수 있으니 주의하세요.

텍스트 또는 숫자를 입력할 때 셀을 클릭할 필요 없이 F2키만 누르면 됩니다. 또 수식을 입력할 때는 =만 누르면 바로 입력이 가능합니다.

단축키를 기억하지 못한다면 화면에 단축키를 띄우는 방법을 쓰면 됩니다. Alt를 누르고 있으면 엑셀 상단 메뉴에 단축키 알파벳이 표시되고, 해당 알파벳을 누르면 메뉴가 실행됩니다.

데이터 저장을 완료했다면 창 닫기도 단축키로 해봅시다. Ctrl과 함께 F4를 누르면 창을 한 번에 닫을 수 있습니다.

A	B	C	D
F1			도움말
F2			텍스트 또는 숫자 바로 입력
F10			단축키 표시
F12			다른 이름으로 저장
Page Up			위로 30셀씩 이동
Page Down			아래로 30셀씩 이동

제가 좀 숫자에 약해서

		a	데이터 전체 선택
Ctrl		1	셀 서식 열기
		↑, ↓, ←, →	상하좌우 맨 끝 셀로 이동
		Page Up	워크시트 왼쪽으로 이동
		Page Down	워크시트 오른쪽으로 이동
		c	복사하기
		v	붙여넣기
		x	오리기
		s	저장하기
		f	찾기
		b	글씨 굵게
		o	파일 열기
		+	수식 보기
		마우스 휠 위로	화면비율 크게
		마우스 휠 아래로	화면비율 작게
	Shift	+	행, 열 추가
	Shift	↑, ↓, ←, →	원하는 데이터 전체 선택
Shift		↑, ↓, ←, →	상하는 행 선택, 좌우는 열 선택
		F3	함수마법사 열기
		F5	찾기 및 바꾸기
		F11	새로운 워크시트 만들기
=			수식 입력

1 시작은 기초체력 다지기

이밖에도 엑셀에는 다양한 단축키가 있으니 표를 참고해서 단축키 사용을 몸에 익혀봅시다. 마우스를 사용하면 4~5초 걸릴 것이 단축키를 누르면 1초에 끝납니다. 마우스를 사용하지 않아도 될 정도로 단축키를 써봅시다. 놀랍도록 시간이 단축되고, 여러분 앞에는 칼퇴근이 기다리고 있을 겁니다. 하루에 단축키 1개 외우기로 퇴근시간을 당깁시다.

참고로 이럴 때가 있습니다. 영어로 'trl'을 치려고 하는데 갑자기 't기'처럼 글자가 마음대로 바뀌는 겁니다. 이런 경우에는 파일—옵션에 들어가서 언어 교정을 선택하고 자동고침 옵션에서 '한/영 자동 고침' 체크를 없애주면 됩니다.

또 셀 이동이 갑자기 안 될 때가 있는데, 이때는 당황하지 말고 Scroll Lock 버튼을 눌러주세요. 그럼 바로 이동할 겁니다.

계산능력을 강화시켜주는 필수함수

직장에서 엑셀을 많이 쓰는 가장 큰 이유는 바로 '계산'입니다. 복잡한 계산을 엑셀이 알아서 해주기 때문입니다. 그런데 엑셀로 계산을 하려면 반드시 함수기능을 이용해야 합니다. 그렇다면 직장인들이 꼭 알아야 하는 함수는 무엇일까요? 이제부터 배워봅시다.

엑셀과 썸을 타라

필수함수 첫 번째는 '썸'입니다. 직장인은 엑셀과 썸을 타야 합니다. 엑셀 이야기하다가 웬 썸? 엑셀에는 SUM이라는 기능이 있는데, 합계를 구할 때 사용합니다.

A지점, B지점, C지점 등 총 26개 지점의 판매량 자료가 있습니다. 그런데 전체 지점의 판매량 합계를 구해야 합니다. 이때 수작업으로 하나하나 클릭하면서 +를 입력하면 시간이 얼마나 오래

	A	B	C	D
1				
2	순번	구분	2017	
3			판매수량	
4	1	A지점	25	
5	2	B지점	32	
6	3	C지점	54	
7	4	D지점	87	
8	5	E지점	56	
9	6	F지점	45	
10	7	G지점	32	
11	8	H지점	25	
12	9	I지점	88	
13	10	J지점	77	
14	11	K지점	45	
15	12	L지점	14	
16	13	M지점	25	
17	14	N지점	36	
18	15	O지점	69	
19	16	P지점	53	
20	17	Q지점	75	
21	18	R지점	42	
22	19	S지점	13	
23	20	T지점	22	
24	21	U지점	37	
25	22	V지점	91	
26	23	W지점	102	
27	24	X지점	58	
28	25	Y지점	231	
29	26	Z지점	275	
30	합계		=sum(C4:C29)	
31				

	A	B	C	D	E
1					
2	순번	구분	2017		
3			판매수량		
4	1	A지점	25		
5	2	B지점	32		
6	3	C지점	54		
7	4	D지점	87		
8	5	E지점	56		
9	6	F지점	45		
10	7	G지점	32		
11	8	H지점	25		
12	9	I지점	88		
13	10	J지점	77		
14	11	K지점	45		
15	12	L지점	14		
16	13	M지점	25		
17	14	N지점	36		
18	15	O지점	69		
19	16	P지점	53		
20	17	Q지점	75		
21	18	R지점	42		
22	19	S지점	13		
23	20	T지점	22		
24	21	U지점	37		
25	22	V지점	91		
26	23	W지점	102		
27	24	X지점	58		
28	25	Y지점	231		
29	26	Z지점	275		
30	합계		1709	=average(C4:C29)	
31					

걸릴까요? 차라리 계산기를 쓰는 게 빠를 겁니다. 그런데 엑셀에서 SUM기능을 이용하면 1초 만에 판매량 합계를 구할 수 있습니다. 셀에서 =을 누르고 sum을 입력한 뒤 괄호 안에 계산할 데이터를 선택해서 입력해준 다음 괄호 닫기를 누르면 됩니다. 더 쉽게 구하고 싶다면 메뉴-홈에서 자동합계(Σ) 기능을 선택하고 엔터를 누르면 되고, 여기에 평균함수 AVERAGE를 활용하면 26개 지점의 평균 판매량까지 구할 수 있습니다. 눈으로만 보지 말고 엑셀을 켜고 그림을 보며 직접 연습합시다.

엑셀은 vlookup을 알기 전 후로 나뉜다

vlookup은 많은 자료에서 원하는 값을 검색해서 매칭시킬 때 사용합니다. 앞에서 선배가 준 A자료에는 각 지점의 올해 판매량이, 다른 자료에는 각 지점의 작년 판매량이 입력되어 있습니다. 이때 vlookup 함수를 이용하면 각 지점별 올해 판매량 자료에 '지점' 키워드로 검색하여, 작년 판매량 자료를 자동으로 입력해줍니다.

다음 페이지의 그림을 보고 연습해봅시다. vlookup은 업무에서 유용하게 쓸 수 있기 때문에 반드시 익혀야 하는 필수함수입니다.

함수를 쓰다 보면 '#N/A'라는 표시가 나올 때가 있습니다. 이것은 해당 키워드에 맞는 데이터가 없다는 걸 알려주는 오류표시입

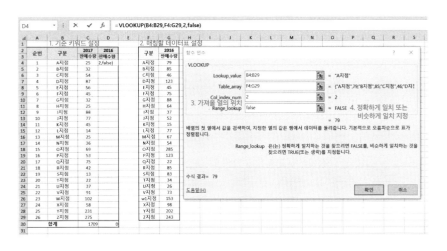

순번	구분	2017 판매수량	2016 판매수량		구분	2016 판매수량	
1	A지점	25	79		A지점	79	
2	B지점	32	85		B지점	85	
3	C지점	54	46		C지점	46	
4	D지점	87	123		D지점	123	
5	E지점	56	45		E지점	45	
6	F지점	45	75		F지점	75	
7	G지점	32	88		G지점	88	
8	H지점	25	64		H지점	64	
9	I지점	88	37		I지점	37	
10	J지점	77	52		J지점	52	
11	K지점	45	15		K지점	15	
12	L지점	14	77		L지점	77	
13	M지점	25	67		M지점	67	
14	N지점	36	54		N지점	54	
15	O지점	69	285		O지점	285	
16	P지점	53	123		P지점	123	
17	Q지점	75	22		Q지점	22	
18	R지점	42	85		R지점	85	
19	S지점	13	83		S지점	83	
20	T지점	22	34		T지점	34	
21	U지점	37	26	데이터	U지점	26	
22	V지점	91	73	불일치	V지점	73	
23	W지점	102	#N/A	오류 ↔	w1지점	153	
24	X지점	58	98		X지점	98	
25	Y지점	231	202		Y지점	202	
26	Z지점	275	243		Z지점	243	
	합계	1709	#N/A				

1 시작은 기초체력 다지기

니다. 그림에서는 해당 지점의 올해 판매량에 매칭되는 작년 판매량 자료가 없어서 자료를 입력할 수 없는 상태입니다. 지점 이름이 바뀌었을 수도 있고, 다르게 입력되어 있어서 키워드 매칭 오류가 발생할 수도 있습니다. 오류의 원인을 확인하고 수정해주면 됩니다.

vlookup이 세로 방향으로 자료를 입력해준다면, 가로 방향으로 자료를 입력할 때는 hlookup을 사용합니다. 입력방식은 vlookup과 동일한데 그리 많이 사용하지는 않으니 hlookup이 있다는 정도만 알아두어도 업무에 그리 지장은 없을 겁니다.

엑셀의 노른자 피벗테이블

피벗테이블은 수많은 양의 자료를 요약해서 보고할 때 자주 씁니다. 예를 들어 모든 지점이 뒤섞여 있는 판매량 데이터를 받았다고 합시다. 이 데이터에서 지점별 판매량도 알고 싶고, 또 지점마다 어떤 제품 판매량이 높은지도 보고 싶습니다. 이때 피벗테이블을 이용하면 다양한 데이터를 한눈에 보기 좋게 집계표로 작성할 수 있습니다. 또 내가 보고 싶은 자료를 쏙쏙 뽑아서 기준으로 잡아주기만 하면 편하게 볼 수도 있지요. 보고할 때 또는 분석할 때 가장 많이 사용하는 기능입니다. 그림을 보고 직접 연습해봅시다.

제가 좀 숫자에 약해서

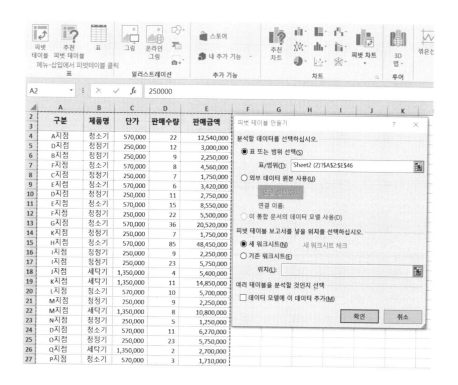

판매량이 가장 높은 지점은 A지점으로
나타난다.

보고 싶은 값을
행렬에 맞게 끌어온다.

값은 합계로 설정한다.

1 시작은 기초체력 다지기

지금까지 설명한 sum, vlookup, 피벗테이블은 인터넷에서 예제를 찾아 연습해보는 걸 추천합니다. 그리고 반드시 마스터합시다. 업무 효율과 속도가 3배는 빨라질 겁니다.

일잘 선배의 엑셀 스킬을 훔치는 방법

　　"선배님, 광고 판매량 분석한 엑셀 자료 좀 주실 수 있을까요?"
　　선배가 엑셀 자료를 잘 만들었다면 자료를 요청하는 것도 좋은 방법입니다. 자료를 요청하는 이유는 선배가 만든 것을 분석해 활용하기 위해서입니다. 선배가 자주 사용하는 수식과 함수들을 보면 팀에서 어떤함수의 사용빈도가 높은지를 알 수 있습니다. Ctrl과 숫자 1 왼쪽에 있는 ~키를 함께 눌러서 수식을 한 번에 살펴보세요.
　　'아, 이런 표를 만들 때는 이런 함수를 쓰네. 이 수식을 사용해서 계산하면 더 편하겠구나.'
　　선배가 자주 사용하는 수식과 함수를 잘 메모해놓은 뒤 인터넷에서 사용법을 찾아보고 연습합시다. 대개 같은 팀에서는 비슷한 기능만 사용해서 문서를 작성하거나 데이터를 관리하니 그것만 중점적으로 연습해도 충분합니다.
　　그런데 만약 선배가 엑셀 자료를 줄 때 수식은 지우고 값만 붙여서 보낸다면? 회사생활에서 실수한 건 없나 깊이 고민할 필요가 있는 듯합니다. 다음 날 선배에게 향긋한 커피라도 한 잔 사는 것이 좋을지도 모르겠네요.

엑셀을 맹신하지 말자

가끔 엑셀을 종교처럼 맹신하는 엑셀 신도들을 만납니다. 하지만 엑셀을 맹신했다가는 큰코다치기 십상입니다. 엑셀을 이용해 밤새 만든 보고서를 출력해서 책상에 올려놓고 퇴근했는데 뭔가 찜찜할 때가 있습니다. 그래서 이튿날 와서 계산기로 계산해보니 계산이 안 맞는, 말도 안 되는 일이 일어납니다. 그런데 만약 그걸 숫자에 빠삭한 팀장님이 먼저 발견했다면?

엑셀은 실수하지 않아도 인간은 실수를 합니다. 계산식을 넣었다고 생각했는데 계산식은 안 들어가고 단순히 값만 들어갈 때가 있습니다. 또는 닫을 때 키보드를 잘못 눌러서 잘못된 값이 들어갈 수도 있고요. 따라서 엑셀을 종료하기 전 수식이 잘 입력됐는지 다시 확인하는 습관을 가져야 합니다.

문과 출신인 저는 계산에 대한 두려움이 있어서 엑셀을 100퍼센트 믿지 않습니다. 그래서 엑셀로 문서를 작성하면 계산기로 다시 계산해보는 습관이 있습니다. 물론 방대한 양을 다 계산해볼 수는 없지만 중요한 숫자는 계산기로 다시 계산해보는 것도 이중 점검의 방법입니다.

엑셀을 마스터하는 가장 좋은 방법은 연습입니다. 인터넷에는

'직장인 엑셀 꿀팁', '엑셀 필수함수' 등 수많은 자료들이 돌아다닙니다. 스크랩과 저장만 하지 말고 엑셀을 열어서 반드시 연습해봅시다. 유튜브를 활용하면 영상을 보면서 쉽게 따라할 수도 있습니다. 또 엑셀과 관련된 책 한 권 정도는 사무실에 구비해놓는 게 좋습니다. 팀장님이 특정 수식이나 함수를 요청하는 경우가 있는데 미리 준비해둔 엑셀 책이 있다면 이럴 때 해당 수식이나 함수를 바로 찾아보고 적용할 수 있어서 큰 도움이 됩니다. 서점에서 나에게 맞는 엑셀 책을 직접 골라봅시다.

직장인에게 엑셀은 계산 끝판왕이자 최종병기입니다. 액셀을 밟아야 차가 빨리 달리듯, 엑셀을 잘 쓰면 퇴근시간이 빨라집니다.

1. 머리가 복잡할 때 절대 계산하지 마라

머리가 복잡하면 반드시 실수를 합니다. 먼저 머리를 비우고 침착함을 찾은 후 계산합시다. 부득이하게 계산을 해야 한다면, 계산기와 엑셀을 모두 사용해 이중으로 계산값을 체크합니다. 그리고 정신이 맑은 자신만의 시간을 찾아 다시 계산 업무를 합니다. 중요한 계산은 아침에 하는 것을 추천합니다.

2. 엑셀은 더 꼼꼼하게 살펴라

수식이 틀린 게 없는지, 수식이 잘 물려 있는지 확인한 뒤 인쇄를 하거나 파일을 전송합시다. 인쇄할 때 값이 길면 '######'가 나올 수 있으므로 인쇄설정 화면을 꼭 확인하고, 페이지설정에서 배율을 조정하거나 해당 셀 너비를 조정 후 인쇄합시다. 또 파일을 전송할 때는 연습용으로 사용한 시트를 꼭 삭제해야 합니다. 그리고 '다른 이름으로 저장'을 선택해서 별도의 전송용 파일을 만든 뒤 그것을 전송합시다.

거래처 등 회사 외부로 엑셀 파일을 보낼 때는 수식과 함수를 볼 수 없도록 제거해서 보냅니다. 수식과 함수에는 제품 단가와 같은 비밀 정보가 들어가는 경우도 있기 때문에 모두 볼 수 있도록 해두면 안 됩니다. 전체 셀을 선택해서 복사하고, 새 파일에 마우스 우클릭해 '붙여넣기 옵션-값'을 선택하면 수식과 함수가 제거된 값만 복사할 수 있습니다.

일상을 수치화하면 시간이 2배로

저녁 늦은 시간, 팀장님이 야식거리를 사왔습니다.

"자, 수고들 많아. 야식으로 튀김, 순대, 떡볶이를 사왔지!"

팀원들이 환호하고 박수를 치는데, 이때 막내 계숙자가 팀장님께

인사를 합니다.

"저는 이만 가보겠습니다."

"이만 가? 막내가 어딜 가? 다들 야근하는데."

"저도 야근했는데요. 선배님들이 스타크래프트한 시간 3시간 34분,

제가 좀 숫자에 약해서

프로야구 본 시간 2시간 17분. 합쳐서 5시간 51분 동안 저는 일을 해서 업무시간을 충분히 활용했습니다. DB입력도 다 끝났구요.〞

웹드라마 〈숫자녀 계숙자〉 주인공 계숙자는 게임회사의 프로젝트 디렉터로, 대박 흥행시킨 게임만 무려 11개나 되는 커리어우먼입니다. 그런 그녀에겐 남들과 다른 능력이 있습니다. 바로 세상 모든 것을 수치화해 판단할 수 있는 능력입니다.

개발팀장으로 부임한 계숙자는 처음 만난 팀원들을 나이, 연봉, 실적 등의 수치로 판단하고 모든 스케줄을 분 단위로 체크합니다. 심지어 팀원의 생일파티도 10분 내로 마쳐야 할 정도입니다. 회사 책상 위에 있는 키보드, 계산기, 마우스, 플래너는 3센티미터 간격으로 저마다의 각도에 맞춰 정확히 위치해야 합니다. 그래서 출근하면 보이지 않는 모눈종이로 책상 위 물건들의 간격을 정확하게 그려내고 비뚤어져 있으면 똑바로 놓습니다.

얼마나 수치화를 잘하는지, 계숙자는 친구와 술을 마시다가도 쌓여 있는 소주병을 보며 칼로리와 운동시간을 계산할 정도입니다.

"소주 10병은 1380칼로리니까 34.5킬로미터를 뛰어서 열량을 소모해야 해. 4일 동안 1시간 9분씩 더 뛰어야 되네."

물론 "이게 가능해? 드라마 주인공이니까 가능한 거잖아"라고 할 수도 있습니다. 우리가 계숙자처럼 모든 것을 수치화하며 살 필요는 없습니다. 그러나 주 52시간 근무체제로 바뀌면서 짧은 시간 동안 맡은 일들을 해내기 위해 업무시간을 수치화할 필요성이 커진 것은 사실입니다.

모든 인간은 공평하게 하루 24시간을 살아갑니다. 대부분의 직장인들은 퇴근하면 TV 켜놓고 맥주 한 캔 따서 드러눕기 바쁩니다. 직장인에게 '나만의 시간＝하루－일하는 시간'이기 때문입니다. 퇴근을 해야만 나만의 시간이 시작됩니다. 일찍 자는 것은 내 시간을 줄여야 하니 아까워서 못 잡니다. 늦게 잡니다. 그래서 이튿날은 참 힘듭니다.

그런데 어떤 직장인은 회사 다니면서 글을 써서 책을 내고 강의를 하고, 새벽에는 운동을 해서 건강한 몸을 만들고, 주말에는 가족과 여행을 다닙니다. "이미 회사에서 심신이 지친 상태로 집에 돌아왔는데 쉬어야지 또 뭘 하라고!"라고 항변하고 따질 수 있습니다. 저 역시 공감합니다.

하루를 누구는 24시간으로 사는데 누구는 48시간처럼 사는 비결이 있을까요? 바로 계숙자에게 답이 있습니다. 계숙자처럼 일상을 수치화하는 기법을 사용하면 24시간이 48시간처럼 늘어나는 효과를 볼 수 있습니다.

하루 24시간을 3으로 나눠라! 8-8-8 원칙

유럽 최고의 스타트업 지원 프로그램인 '스타트업 부트캠프'를 운영하는 25세의 청년 사업가 마틴 베레가드가 《죽어라 일만 하는 사람은 절대 모르는 스마트한 성공들》에서 공개한 비법이 있습니다. 그는 이 책에서 하루 24시간을 3으로 나눈 '8-8-8 원칙'을 사용하면 시간이 늘어난다고 말합니다.

첫 번째 8시간은 잠자는 시간입니다. 건강을 유지하기 위해서 성인은 평균 7~8시간을 자야 합니다. 수면 시간을 지켜 충분히 잡시다. 충분한 휴식은 건강의 원천이기 때문입니다. 우리의 목표는 수명을 깎아 성과를 내는 게 아니라 충분히 휴식하고 시간을 알뜰하게 활용해 최대한의 퍼포먼스를 내는 것입니다. 8시간을 수면시간으로 정한다면 아침 6시에 일어나기 위해서는 전날 밤 10시 전에, 아침 8시에 일어나야 한다면 밤 12시 전에는 잠자리에 들어야 합니다.

두 번째 8시간은 일하는 시간, 즉 노동시간입니다. 보통 직장인은 하루 9시간 동안 직장에 있습니다. 물론 야근을 하는 경우도 많지만 기본적으로 우리는 하루 9시간 동안 사무실에 있으면서 8시간은 일하고 1시간은 점심식사에 할애합니다.

마지막 8시간이 중요합니다. 이 8시간이 내가 진짜로 하고 싶은 일을 하는 시간입니다.

"도대체 내 삶을 누릴 시간이 어디에 있냐? 퇴근하면 쉬어야지, 하긴 뭘 해!"

이렇게 좌절하는 이유는 하루를 24시간짜리 한 덩어리로 보기 때문입니다. 하루를 8시간씩 나눠보면 8시간을 확보할 수 있습니다. 직장에 있는 9시간 중 1시간은 내가 진짜로 하고 싶은 일을 하는 시간에 포함됩니다. 1시간의 점심시간에 누구는 점심을 먹고, 누구는 간단하게 먹은 뒤 운동을 하거나 책을 읽거나 공부를 합니다. 1시간을 어떻게 이용하느냐는 자유입니다. 따라서 점심시간에 쉬어야 한다면 8시간이 7시간으로 줄어듭니다. 이 7시간을 자신이 진짜로 하고 싶은 일을 하는 시간으로 만들면 됩니다.

내가 진짜로 하고 싶은 일을 할 수 있는 시간이 8시간이나 된다고 생각해봅시다. 2시간을 빼서 일하는 시간 8시간에 더해도 내 시간은 6시간이나 남습니다. 아침을 먹고 저녁을 먹는 2시간을 빼도 4시간이 남습니다.

식재료를 구했으면 요리를 하듯, 시간이 확보됐으니 이제 할 일을 찾아봅시다. 저는 디저트 가게를 운영하고 있어서 고객들의 마음을 사로잡는 새로운 디저트 메뉴 개발에 관심이 많은데, 만일 이 세 번째 8시간에 유명한 디저트학교 야간 과정에 등록해 달콤한 마카롱 같은 디저트 만드는 방법을 배우면 어떨까요? '이 시간 동안 고객들의 입맛을 사로잡고 지갑을 여는 최고의 디저트 메뉴를 개발할 수 있다면…' 상상만 해도 좋습니다.

저는 8-8-8 원칙을 활용해서 하루를 48시간처럼 살고 있습니다. 다음은 제 8-8-8 스케줄입니다. 참고로 저는 잠자는 시간과 일하는 시간을 각각 1시간씩 줄여서 나만의 시간을 10시간으로 만들었습니다.

3시간(04:00 ~ 07:00) 나만의 시간: 책 읽기, 공부, 급한 일 처리 등

1시간(07:00 ~ 08:00) 나만의 시간: 아침 식사, 아이 유치원 보내기

2시간(08:00 ~ 10:00) 나만의 시간: 운동하기

3시간(10:00 ~ 13:00) 일하는 시간: 가게 일 보기, 강의 기획, 책 쓰기, 방송 녹음 등

1시간(13:00 ~ 14:00) 나만의 시간: 점심 식사

4시간(14:00 ~ 18:00) 일하는 시간: 강의 준비, 고객 관리, 가게 일 보기, 강의 관련 자료 공부하기 등

3시간(18:00 ~ 21:00) 나만의 시간: 아이와 놀기, 집안일 하기, 아내랑 대화하기 등

7시간(21:00 ~ 04:00) 잠자기

저는 매일 밤 9시에 잠자리에 들어 이튿날 4시에 일어납니다. 새벽 4시에 일어나서 3시간 정도는 매일 하는 일을 합니다. 책 50페이지 읽기, 블로그 업데이트하기, 하루 스케줄 정리하기 등입니다. 숫자와 관련된 업무도 대부분 이 시간에 처리합니다. 가장 뇌가 맑고 활발히 움직이는 시간이라 집중이 잘됩니다. 견적서를 보내거나 세금계산서를 발행하거나 결산서를 작성하는 것 등은 대부분 이 시간에 처리합니다.

	날짜	7월 16일	7월 17일	7월 18일
	요일	월	화	수
나(6h)	04:00 ~ 05:00	책 읽기 50page, 하루 스케줄 정리, 원고 퇴고	책 읽기 50page, 하루스케줄 정리, 원고 퇴고	책 읽기 50page
	05:00 ~ 06:00	신앙 서적 읽기, 원고 퇴고	운동	원고 퇴고
	06:00 ~ 07:00	원고 퇴고	원고 퇴고	원고 퇴고
	07:00 ~ 08:00	아침 식사, 딸 유치원 보내기	아침 식사, 딸 유치원 보내기	아침 식사, 딸 유치원 보내기
	08:00 ~ 09:00	운동	운동	운동
	09:00 ~ 10:00	운동	운동	운동
일(3h)	10:00 ~ 11:00	원고 퇴고, 고용보험금 환급 문의	대학교 강의 준비	대학교 강의 준비
	11:00 ~ 12:00	원고 퇴고	대학생 대상 신규 강의 기획, 블로그 콘텐츠 업로드	책 읽기
나(1h)	12:00 ~ 13:00	원고 퇴고	원고 퇴고	점심식사
	13:00 ~ 14:00	점심 식사	점심 식사	대학교 강의
일(4h)	14:00 ~ 15:00	원고 퇴고	원고 퇴고	대학교 강의
	15:00 ~ 16:00	원고 퇴고	원고 퇴고	가게 들리기(그릭챙기기)
	16:00 ~ 17:00	원고 퇴고	원고 퇴고	원고 퇴고
	17:00 ~ 18:00	원고 퇴고	원고 퇴고	원고 퇴고
나(3h)	18:00 ~ 19:00	가게에서 일	어머님네서 점심	휴식
	19:00 ~ 20:00	가게에서 일	딸이랑 놀기	딸이랑 놀기
	20:00 ~ 21:00	집에 오며 드라마 vod보기	딸이랑 놀기	딸이랑 놀기
수면(7h)	21:00 ~ 04:00	수면	수면	수면

그리고 아이가 일어나면 아침을 먹고 아이를 유치원에 보낸 후 운동을 합니다. 그리고 업무를 시작하는데 종로에 있는 가게를 방문해 직원들과 이야기를 나누고, 가게의 이슈를 확인하고, 신메뉴를 고민하고, 접객을 합니다. 오후에는 책을 쓰거나 새로운 강연

을 기획합니다. 네이버 오디오클립 같은 방송 녹음이나 미팅을 하기도 합니다. 강의가 있는 날에는 오고 가는 시간이 있어서 4시간 정도는 강의시간에 할당합니다. 저녁 6시가 되면 집으로 돌아와 저녁 식사를 하고 가족들과 시간을 보냅니다. 그리고 밤 9시에 잠자리에 듭니다.

24시간을 3으로 나눠서 8시간씩 쪼개는 수치화를 통해 하루를 길게 사용할 수 있습니다. 저는 8-8-8 원칙을 수시로 활용하기 위해 구글 드라이브같은 클라우드에 스케줄노트를 만들었습니다. 올해에 달성하고 싶은 목표 또는 이루고 싶은 꿈을 적고 매일 하는 일 리스트를 작성합니다. 그리고 하루 스케줄을 작성하는 칸도 만들어서 매일 무슨 일을 하는지 살펴볼 수 있도록 했습니다. 이렇게 기록과 함께 8-8-8 원칙을 활용한다면 더 큰 효과를 볼 수 있습니다.

24시간을 3으로 나누는 8-8-8 원칙으로 하루의 시간을 늘렸다면, 이제 업무의 효율성을 높이는 방법을 알아봅시다.

업무 집중도를 높이는 뽀모도로 테크닉

뽀모도로 테크닉은 이탈리아의 프란체스코 시릴로가 1980년대에 개발한 시간관리법입니다. 뽀모도로는 이탈리아어로 '토마토'를 뜻하는데, 이 테크닉의 이름이 뽀모도로인 이유는 파스타를 만들 때 쓰는 토마토 모양의 요리전용 타이머를 이용했기 때문입니다.

  방법은 간단합니다. 먼저 할 일을 정합니다. 그리고 타이머를 25분에 맞추고, 알람이 울릴 때까지 집중해서 일합니다. 알람이 울리면 5분 동안 쉽니다. 이렇게 하는 것이 1번의 뽀모도로입니다. 4번의 뽀모도로를 마치면 15~30분 정도 긴 휴식을 갖습니다.

  25분 동안에는 미리 정한 일만 해야 합니다. 다른 일과 섞지 말고 한 가지 일만 하면서 뽀모도로 테크닉을 활용하는 것이 효과적입니다. 알람이 울리면 바로 일을 중단합니다. 5분은 의자에서 일어나거나 화장실을 가거나 복도를 걸으면서 쉽니다.

  이렇게 하면 8시간 동안 약 14~15번의 뽀모도로를 수행할 수 있습니다. 뽀모도로 테크닉을 적용해본 대다수 직장인들은 생각보다 많은 일들을 처리할 수 있다는 것에 놀랍니다. 저도 뽀모도로 테크닉을 이용해 이 원고를 썼는데 효과가 100점입니다. 25분이 순식간에 지나갈 정도로 일에 집중하게 됩니다.

  다만 저는 집중하는 시간을 25분에서 20분으로 줄였습니다. 20분이든 25분이든 한 번 적용해보면 자신에게 맞는 시간이 나옵니다. 이 외에도 여러 종류의 시간 관리법이 있는데, 자신에게 맞는 것을 찾아 활용해보면 예상보다 좋은 효과에 놀랄 것입니다.

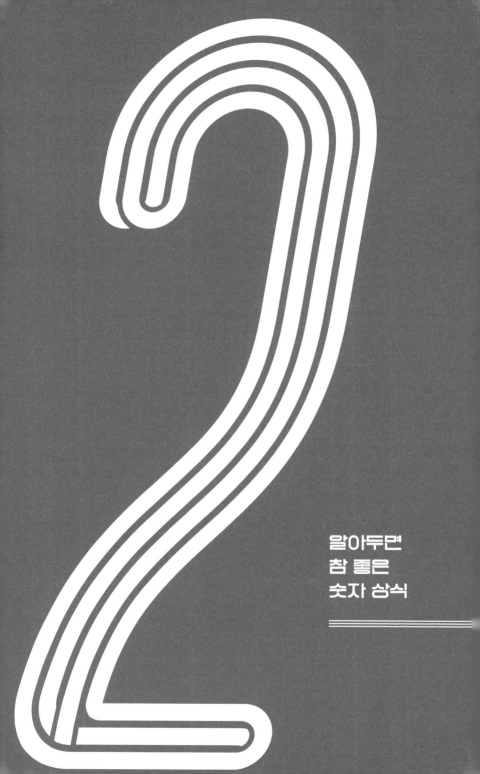

2

알아두면
참 좋은
숫자 상식

- ① -

이 숫자 표현만은 꼭 알아두자

저는 회사에서 SNS 마케팅을 담당하고 있습니다. 회사 홈페이지를 비롯해서 블로그와 페이스북 페이지, 인스타그램 계정을 관리합니다. 그날도 매월 보고하는 SNS 마케팅 자료를 준비해서 팀장님께 보고 중이었습니다.

"이번 달 자사 SNS 방문자 증가율이 20퍼센트 증가했습니다."

그런데 갑자기 팀장님이 딴지를 거는 겁니다.

"퍼센트가 아니라 프로야. 20프로라고 해야지. 정확한 용어를 쓰는 습관을 들여봐."

퍼센트를 썼다고 지적받다니! 살아오면서 퍼센트 때문에 지적받은 적이 없었습니다. 이상했습니다.

'퍼센트가 맞는 말 아닌가? 프로는 뭔가 프로답지 않은데.'

팀장님에게 퍼센트가 맞다고 역지적질을 해주고 싶었지만, 분위기만 더 싸해지면 저만 손해라는 생각에 꾹 참았습니다.

"네, 알겠습니다. 팀장님, 이번 달 자사 SNS 방문자 증가율이 20프로 증가했습니다."

"그렇지. 표현을 올바르게 해야 커뮤니케이션도 원활하게 할 수 있는 거야."

여하튼 상황은 넘겼지만 찜찜합니다. 자리로 돌아가 국어사전부터 검색해봐야겠습니다.

퍼센트와 프로 중 옳은 표현은?

많은 분들이 퍼센트와 프로를 헷갈려 합니다. 어떤 표현이 맞는지 물어보면 5 대 5 정도로 두 가지를 비슷하게 봅니다. 그렇다면 어떤 표현이 옳을까요?

퍼센트와 프로는 백분율을 나타내는 단위로, 백분율은 기준량을 100으로 보았을 때 비교하는 양의 상대적 크기를 말합니다. 비교를 할 때 백분율을 사용하면 더 빠르게 이해됩니다. "우리 회사가 1년에 지출하는 총비용이 10억 원인데, 그중에서 복리후생비가 3000만 원입니다"라고 말하는 것보다 "총비용을 100이라 할 때 복리후생비는 3을 차지합니다"라고 하는 게 더 쉽게 이해되지 않나요?

그렇다면 백분율을 표현할 때 퍼센트와 프로 중 어떤 단어를 써야 할까요? 퍼센트는 영어의 Percent를 발음 그대로 옮긴 것으로 100분의 1을 의미합니다. 프로는 영어의 퍼센트에 해당하는 네덜란드어 Procent가 일본에 전해지면서 '프로'가 되었고 우리나라에도 전파되었습니다. 현재 일본에서는 고연령층 외에는 거의 쓰지 않아서 사라지고 있는 말인데 한국에선 아직도 많이 쓰고 있습니다. 참고로 국립국어원에서는 퍼센트와 프로 둘 다 표준어로 인정하고 있습니다. 둘 다 표준어니까 모두 사용해도 문제는 없습니다. 다만 중요한 건 팀장님이 선호하는 용어를 쓰는 것입니다.

카멜레온 효과를 활용하자

혹시 '카멜레온 효과'라는 용어를 아십니까? 뉴욕대학 존 바 교수와 듀크대학 타냐 차트랜드 교수는 재밌는 실험을 했습니다. 참가자들을 A그룹과 B그룹으로 나누어, 실험파트너(조교)와 짝을 지어 일대일로 대화를 나누게 했습니다. A그룹에서 조교는 참가자들의 행동을 은근히 따라 하며 대화를 나눴고, B그룹에서는 따라 하는 행위 없이 평소처럼 대화를 나눴습니다. 대화가 끝난 뒤 실험파트너에 대한 호감도를 확인해보자, 행동을 따라 한 쪽이 15% 이상 높은 호감도를 보였습니다. 상대방이 나와 비슷한 행동을 하면 통한다고 생각하고, 그래서 자신도 모르게 호감도가 올라간다는 것이죠. 이것을 카멜레온 효과라고 부릅니다.

퍼센트와 프로, 둘 중 하나를 선택해야 한다면 팀장님이 자주 사용하는 단어를 쓰는 것이 좋습니다. 팀장님이 어떤 숫자 표현들을 즐겨 사용하는지 잘 들어보세요. 그리고 따라해보세요. 어느 순간 팀장님의 호감도가 쑥 올라가 있을 겁니다.

혹시 야구를 좋아하는 팀장님이라면 할푼리를 사용할 수도 있습니다. "김대리는 계약성사율이 5할이 넘으니까 해볼 만할 거야." 할푼리는 원래 야구에서 많이 사용합니다. "메이저리그에서 활약하는 추신수 선수는 이번 시즌 통산 타율이 3할이 넘습니다." 3할은 퍼센트로 바꾸면 30%입니다. 할푼리 전부를 퍼센트로 바꿔볼까요? 예를 들어 3할 5푼 7리는 35.7%, 숫자로는 0.357을 의미합니다. 할푼리를 알았으니 팀장님이 자주 사용한다면 똑같이 사용해주세요. 상사의 호감도를 높일 수 있는 카멜레온 효과를 잊지 맙시다.

두 백분율 사이의 차이는 퍼센트포인트

퍼센트는 자주 쓰는데 퍼센트포인트라는 표현도 쓰시나요? 사실 퍼센트포인트라는 말을 처음 들어본 분도 있을 겁니다. 퍼센트

제가 좀 숫자에 약해서

포인트는 두 백분율 사이의 차이를 표현할 때 사용합니다. 백분율로 나타낸 수치가 이전 수치에 비해 증가하거나 감소한 양을 표시하는 것이죠.

예를 들어 "매출액 대비 광고비율이 2016년 5%, 2017년에는 10%다. 2017년은 2016년에 비해 매출액은 100억 원으로 동일하지만 광고비는 2배 증가했다" 이 상황을 표현하는 방법으로는 두 가지가 있습니다.

1) 매출액 대비 광고비율이 100퍼센트 증가했습니다.
2) 매출액 대비 광고비율이 5퍼센트포인트 증가했습니다.

이 두 문장은 같은 의미입니다. 어떻게 같은 말이냐고요? 매출액이 100억 원이라면 2016년 광고비는 매출액의 5%인 5억 원입니다. 2017년 광고비는 매출액의 10%인 10억 원으로, 1년 동안 5억 원이 증가했습니다. 이것을 매출액 대비 광고비율은 100% 증가했다고 표현할 수도 있고, 5퍼센트포인트 증가했다고 표현할 수도 있습니다. 다른 예를 더 살펴봅시다.

"2016년 신입사원은 100명이고, 퇴사율은 20퍼센트입니다. 2017년 신입사원은 100명이고, 2016년보다 5퍼센트포인트 감소했습니다." 이 문장은 2017년 신입사원 퇴사율이 15%라는 뜻입니다.

2 알아두면 참 좋은 숫자 상식

$20\% - 15\% = 5\%p$

이는 2016년엔 신입사원 100명 중 20명이 퇴사했고, 2017년엔 신입사원 100명 중 15명이 퇴사했음을 말합니다.

그런데 이것을 "2017년 신입사원 퇴사율이 2016년 퇴사율 20퍼센트 보다 5퍼센트 감소했습니다"라고 말하면 의미가 완전히 달라집니다.

퇴사율 20퍼센트를 숫자로 바꾸면 0.2입니다. 퇴사인원은 '신입사원 100명×0.2=20명'입니다. 20명에서 5% 감소를 계산하면, 5%는 0.05이므로 '20명×0.05=1명'이 퇴사한 것입니다. 퇴사인원 20명에서 1명이 줄었으니 이를 백분율 단위로 바꾸면 퇴사인원 '19명/100명×100=19%'가 됩니다. 따라서 "2017년 신입사원 퇴사율이 2016년 퇴사율 20퍼센트보다 5퍼센트 감소했습니다"라는 말은 곧 2017년 신입사원 퇴사율이 19퍼센트라는 뜻입니다. 이것을 퍼센트포인트로 표현하면 1퍼센트포인트 감소했다고 할 수 있습니다. 따라서 신입사원 퇴사율이 20퍼센트에서 15퍼센트로 바뀌었다면, 5퍼센트포인트 감소했다고 해야 옳은 표현이 됩니다.

2015년 수능시험에서 퍼센트와 퍼센트포인트를 구별하지 않고 문제를 출제하는 바람에 결국 복수정답을 인정한 적이 있었습니다. 두 백분율의 증감을 보고서에 작성하거나 구두로 보고할 때는 퍼센트포인트를 정확하게 사용해야 커뮤니케이션에서 생기는 실수를 예방할 수 있습니다.

퍼센트의 크기를 비교할 때는 기준이 되는 숫자를 보자

퍼센트를 볼 때 또 하나 주의할 점은 퍼센트의 크기를 단순히 비교해서는 안 된다는 것입니다. 업종별 시장점유율을 비교하는 경우를 살펴보겠습니다.

요즘 배달앱으로 음식을 시켜 드시는 분들이 많습니다. 배달앱만 열면 우리 동네 맛집을 랭킹별로 확인하고 주문할 수 있어서 참 편합니다. 그런데 배달앱을 통해 A지역에서 치킨을 많이 시켜 먹는지 족발을 많이 시켜 먹는지 데이터를 확인해보기로 했습니다. 데이터를 보니 치킨은 총주문액이 100억, 족발은 총주문액이 10억이었습니다. 이 데이터를 바탕으로 1분기와 2분기의 치킨과 족발 주문액을 비교해 증감액을 퍼센트로 보고한다고 생각해봅시다. 2분기에 치킨 주문액이 1분기와 비교해서 10% 증가했고, 족발 주문액 역시 10% 증가했습니다. 그런데 증가율이 똑같으니 치킨과 족발 주문액이 같다고 볼 수 있을까요?

아닙니다. 치킨의 기준액은 100억, 족발의 기준액은 10억입니다. 따라서 둘 다 주문액이 10% 늘었다고 해도 치킨은 10억이 증가했고, 족발은 1억이 증가한 겁니다. 치킨과 족발의 증가액은 무려 9억의 차이가 납니다.

"올해 연봉인상률을 임원과 사원 똑같이 10%로 정했습니다."

2 알아두면 참 좋은 숫자 상식

'인상률이 같으니 공정하고 공평한 회사'라고 할 수 있을까요? 아닙니다. 임원과 사원의 연봉이 다르므로, 실제로 증가하는 임원과 사원의 연봉액수는 매우 큰 차이가 나게 됩니다.

퍼센트 크기만 단순 비교하면 실제 차이를 모르고 지나치는 이런 문제가 발생할 수 있습니다. 기업을 홍보하거나 뉴스를 말할 때도 퍼센트를 단순 비교하는 경우가 종종 있습니다. 우리는 그때 기준이 되는 숫자가 무엇인지를 잘 살펴봐야 합니다. 만약 기준이 되는 숫자가 없이 퍼센트 크기만 비교하는 경우, 불순한 의도가 숨어 있는 건 아닌지 합리적 의심을 해봐야 합니다.

마트에 가면 '지금 구입하면 20% 할인'과 같은 프로모션을 정말 많이 보셨을 겁니다. 오히려 할인 안 하는 상품을 찾아보기가 어렵습니다. '오늘까지 할인하니까 지금 사봐야지. 나중에는 할인 안 할 수 있으니까.' 할인 마케팅은 이렇게 충동구매를 유도합니다. 금액이 적어도 %로 바꾸면 많이 할인해주는 걸로 보입니다. 그런데 정말 20% 할인된 가격일까요? 제품의 정가를 알고 있어야 할인된 가격이 합리적인지 따져볼 수 있는데 마트에서는 정가를 확인하기가 어렵습니다. 정가를 모르는 소비자를 현혹시키기 위해 20% 할인된 가격이라고 붙였지만 실제는 더 비싸게 팔거나, 할인율은 50%로 높아졌지만 지난 번 할인금액보다 10원만 더 할인되는 경우 등이 소비자 고발로 이어져 적발된 적도 있었습니다. 충동구매를 막기 위해선 내가 사려는 물품이 무엇인지 정하고, 해당 물품의 가격을 미리 확인하는 습관을 들이는 게 좋습니다. 마트에서는 정가와 할인율에 대한 정확한 기준을 알려주지 않기 때문입니다.

고유어와 한자어를 혼용하지 말자

일상적인 대화에서 고유어와 한자어를 혼용하는 사람들이 가끔 있습니다. 예를 들어 "저희 아버님과 모친께서"라고 말하면 틀린 거 같지는 않은데 뭔가 이상하다는 느낌을 받게 됩니다. 우리 고유어인 '아버지'와 한자어인 '모친'을 함께 써서 생기는 이상함이지요. 국문과 출신이 아니어서 뭐라 설명할 수는 없지만 이상하다는 것만은 느낍니다.

숫자 표현 역시 고유어와 한자어를 혼용하지 않는 것이 좋습니다. 이와 관련된 에피소드가 연예인들이 직접 군 생활을 하며 웃음을 주었던 MBC의 인기프로그램 〈진짜사나이〉에서 나왔습니다. 군대에서는 잠을 자기 전 사령관에게 일석점호를 합니다. 일석점호란 해당 내무실의 청결이나 병사들의 건강상태, 인원 등에 대한 보고를 하는 것입니다. 문제는 인원보고에서 발생합니다. 병사들이 순서대로 하나, 둘, 셋, 넷, 다섯 이렇게 구령을 외치며 인원 보고를 하는데, 아홉 다음에 "열!" 하고 외치지 않고 꼭 "십" 이렇게 소리치는 병사가 있습니다. 그러면 당직사관이 "엎드려. 정신 똑바로 못 차리지" 하며 팔굽혀펴기로 땀을 빼줍니다. 열이나 십이나 같은 숫자인데 왜 안 될까요? 이 역시 하나, 둘, 셋은 고유 어지만 일, 이, 삼은 한자어이기 때문입니다.

백화점에서 카드 할부로 결제하는데 점원이 "고객님, 몇 개월로 해드릴까요?"라고 물어봤을 때 "일곱 개월로 해주세요" 하면 어색 합니다. '개월'이란 단위는 한자어이기 때문에 앞에 오는 숫자 역 시 한자어인 '칠'을 사용해서 '칠 개월'이라고 해야 자연스럽습니 다. 이처럼 숫자를 말할 때 고유어는 고유어끼리, 한자어는 한자 어끼리 사용하는 것이 좋습니다.

그런데 혼용해서 쓰는 경우도 있습니다. 사람을 세는 단위인 '명'의 경우는 서른 명, 쉰 명이라고도 하고 삼십 명, 오십 명이라 고 합니다. 하지만 '일 명, 오 명, 십 명'보다는 '한 명, 다섯 명, 열 명'으로, '쉰 명, 아흔 명'보다는 '오십 명, 구십 명'으로 쓰는 경우 가 많습니다. 수가 적은 경우에는 고유어 숫자를, 수가 많은 경우 에는 한자어 숫자를 쓰는 경향이 있어서입니다.

자주 틀리는 숫자 표현들

숫자와 관련해서 자주 틀리는 표현들이 있습니다. 어떤 표현들 을 헷갈려하는지 확인해보고 틀리지 않도록 합시다.

제가 좀 숫자에 약해서

'작다'와 '적다'

'적다'는 '많다'의 반대말로 어떤 기준에 미치지 못한다는 뜻입니다. 예를 들어 '월급이 적다', '경험이 적다', '관심이 적다'라고 표현할 때 씁니다. '작다'는 '크다'의 반대말로 길이, 넓이, 부피가 비교대상보다 덜하다는 뜻입니다. 예를 들어 '형보다 키가 작다', '가게가 작다', '옷이 작다' 등으로 표현할 때 씁니다. '작다'와 '적다'가 헷갈릴 때는 '크다의 반대말은 작다, 많다의 반대말은 적다'라고 반대말을 생각하면서 쓰면 됩니다.

증가와 증대

증가와 증대 역시 많이 헷갈려합니다. 증가와 증대의 경우 둘 다 한자어인데, 한자의 원래 뜻을 생각하면 조금 덜 헷갈립니다. 증가의 '가(加)'는 더한다는 뜻이고, 증대의 '대(大)'는 커진다는 의미입니다. 증가는 양이나 수치가 늘었을 때 씁니다. "1분기 매출액이 전년동기 대비 21% 증가했다." "○○시의 실업율이 5% 증가했다." 증대는 양이 많아지거나 규모가 커질 때, 또는 양을 늘리거나 규모를 크게 할 때 씁니다. "○○센터 기업 매출 증대 1등 공신", "○○항공사, 항공수요 증대 업무협약 체결, 이용자 편의성 증대 예상" 등이 그 예입니다.

증가와 증대가 계속 헷갈린다면 '관광객 증가로 매출 증대'처럼 두 가지를 함께 쓴 문장을 기억해두는 것도 좋은 방법입니다.

- ② -

T.P.O로 숫자 전문용어 말하기

2018 평창 동계올림픽에서 가장 화제가 된 종목은 바로 컬링입니다. "영미! 영미!" 이 한마디에 국민들이 열광하고 감동했습니다. 하지만 컬링 선수들이 게임 내내 외치는 "얍, 헐, 업, 워"라는 말은 생소했습니다. 비명을 지르는 것도 같고 감탄하는 것도 같고…. 그런데 알고 보니 짧은 한 음절 안에 심오한 뜻이 담겨 있었습니다. "얍"은 스위핑, 즉 "빗질을 시작해!"를 뜻하고 "헐"은 영어 허리(hurry)의 줄임말로 "더 빠르게 빗질해!"라는 것입니다. "업"은

제가 좀 숫자에 약해서

"빗질을 멈추고 기다려!", "워"는 "그만 닦아"라는 뜻입니다. 컬링 용어를 이해하고 경기를 보니 더 박진감 넘치고 재밌게 느껴지더 군요. 마찬가지로 직장에서도 숫자용어를 쓰면 효율적인 대화를 나눌 수 있습니다.

TPO의 T는 때를 말하는 Time, P는 장소를 말하는 Place, O는 상황을 말하는 Occasion을 뜻합니다. 그런데 'TPO' 하면 흔히 패션을 떠올립니다. "때와 장소와 상황에 맞게 옷을 입어라." 그래서 TPO 코디라는 표현도 있습니다.

TPO는 마케팅에서도 자주 사용합니다. 때와 장소, 상황에 맞게 마케팅 전략을 세워야 성공할 수 있다는 뜻이죠.

그런데 숫자로 커뮤니케이션할 때도 TPO가 중요합니다. 이번에는 숫자용어를 적재적소에 사용하는 방법을 이야기하려 합니다. 예를 들어 재무제표를 통해 기업을 분석한다고 해봅시다. 팀장님이 묻습니다.

"그 회사 안정성은 어떻게 돼?"

"현금은 아주 많아서 돈 지급하는 데 전혀 문제없습니다."

이렇게 대답하면 될까요? 아닙니다. 재무제표를 이야기할 때는 재무제표와 관련된 용어를 사용해야 합니다.

"부채비율은 18.6%로 무차입 경영을 하고 있습니다. 유동비율도 557%라 안정성이 업계에서 가장 우수합니다."

이렇게 대답해야 회사 안정성에 대한 보고가 명확해지고, 팀장님은 믿음직스러운 눈빛을 보낼 겁니다. 그럼 우리가 상황에 맞춰 써야 하는 숫자 전문용어는 무엇이 있을까요? 4단계로 나눠 알려드리겠습니다.

1단계: 수익과 이익

수익과 이익이 다른 말이라는 것 알고 계신가요? 회계교육을 할 때 교육생들에게 수익과 이익이 어떻게 다른지 물어보면 대부분 "같은 거 아니에요?"라고 대답합니다.

아닙니다. 수익과 이익은 완전히 다릅니다. 수익은 번 돈이고, 이익은 수익에서 비용을 뺀 남은 돈입니다. 예를 들어 TV에서 맛집으로 소문난 가게를 소개할 때 다음과 같이 말한다면 어디가 더 대박집일까요?

"오늘도 하루 1000만 원 수익이 났습니다."

"오늘도 하루 1000만 원 이익이 났습니다."

바로 후자입니다. 전자에선 1000만 원 수익을 내기 위해 들어간 비용이 계산되지 않았기 때문입니다. 후자는 비용을 빼고 남은 돈이 1000만 원이라는 의미입니다. 이렇게 수익과 이익은 완전히 다르니 헷갈리지 마세요.

2단계: 매출총이익과 영업이익 그리고 당기순이익

"작년 영업이익이랑 당기순이익이 어떻게 되지?"

회사에서 정말 많이 듣는 질문 중 하나입니다. 두 단어가 모두 이익으로 끝난다고 해서 똑같은 뜻이 아닙니다.

영업이익과 당기순이익을 말하기 전에 설명해야 할 이익이 있는데, 바로 매출총이익입니다. 매출총이익이란 영업수익인 매출액에서 매출원가를 뺀 이익입니다. 예를 들어 아이폰 1대를 100만 원에 판매했고 그것을 만드는 데 30만 원이 들었다면 매출총이익은 100만 원에서 30만 원을 뺀 70만 원입니다.

영업이익은 매출총이익에서 판매비, 관리비를 빼고 남은 돈입니다. 아이폰의 매출총이익 70만 원에서 판매하고 관리에 들어간 돈이 30만 원이라면 영업이익은 40만 원입니다. 영업이익은 회사의 본업인 영업활동을 끝내고 남은 돈을 말합니다.

마지막으로 당기순이익은 영업이익에서 영업외수익과 비용을 더하거나 뺀 뒤 법인세비용을 빼고 남은 돈을 말합니다. 아이폰의 영업이익 40만 원에서 영업외수익과 비용, 법인세비용을 다 합친 20만 원을 빼면 당기순이익은 20만 원이 됩니다. 당기순이익은 최종적으로 회사가 손에 쥔 이익이라고 볼 수 있습니다. 이때 당기는 해당 기간을 의미하는 말로, 당기순이익은 그 시기의 순이익이라고 생각하면 됩니다.

3단계: AR과 AP, ERP와 재무제표

이건 우리가 재무팀이나 회계팀과 이야기할 때 많이 사용하는 용어입니다.

"AR 좀 확인해주세요."

"AP 처리는 됐나요?"

재무팀에서 다짜고짜 이렇게 물어오면 무척 당황스럽습니다. AR은 Account Receivable, 즉 매출채권입니다. 매출채권이란 판매하고 받을 돈을 말합니다. AR을 확인해달라는 이야기는 매출채권 현황을 확인해달라는 뜻이죠. 해당 매출채권이 현금으로 회사 통장에 입금되었는지 궁금하기 때문입니다. 반대로 AP는 Account Payable, 즉 매입채무로 줄 돈을 의미합니다. AP 처리가 됐냐는 질문은 업체에게 돈이 지급됐는지 묻는 것입니다.

"ERP 확인했어?"

ERP는 Enterprise Resource Planning의 약자로 '전사적 자원관리'를 뜻하는데, 보통 회사의 모든 영역을 통합적으로 관리하는 시스템을 의미합니다. ERP를 확인했냐고 묻는 사람이 영업담당이고 자료가 매출채권이라면 이 질문은 ERP 영업관리 시스템에서 매출채권 자료를 확인했냐는 뜻입니다.

기업들이 시스템 구축에 수백 억을 투자하는 이유는 경영자가 실시간으로 정보를 취합하고 확인해서 경영판단을 내릴 수 있고,

직원들은 연동된 자료를 가지고 협업할 수 있기 때문입니다.

"기업분석에서 재무제표 읽기는 필수야."

재무제표는 기업의 돈에 대한 정보입니다. 재무제표를 보면 재무상태와 영업실적, 현금흐름을 볼 수 있습니다. 재무제표에는 재무상태표, 손익계산서, 자본변동표, 현금흐름표, 주석이 있습니다. 재무제표를 통해 투자자는 기업을 분석하고 사장님은 경영판단을 내립니다. 참고로 새로운 거래처와 거래를 시작하기 전에 거래처 재무제표 분석은 필수입니다. 재무제표를 보면 그 회사가 거래를 할 만한 회사인지 아닌지를 판단할 수 있습니다.

4단계: BEP, ROI, KPI

"그래서 그 사업 BEP가 어떻게 돼?"

BEP는 Break Even Point, 즉 손익분기점을 말합니다. 손익분기점이란 번 돈과 쓴 돈이 일치하는 시점으로, 이익도 손실도 없는 매출액 상태입니다.

"목표는 3개월 만에 10만 개 판매량으로 손익분기점을 돌파하는 것이다!"

이 말은 10만 개를 팔아야 손익분기점 매출액이 나온다는 뜻입니다. 즉, 10만 1개를 팔아야 이익이라는 말이죠. 새로운 프로젝트나 사업을 시작할 때 상사가 궁금해하는 것이 바로 손익분기점입니다. 언제부터 돈을 버는지를 알려주는 수치니까요.

"ROI는 좀 괜찮게 나와?"

ROI는 Return On Investment의 약자로 투자수익률을 의미합니다. ROI를 통해 투자한 비용 대비 얼마가 남는지 알 수 있는데, ROI 수치가 높을수록 좋은 투자에 해당합니다. 투자의 신 워런 버핏은 연평균 ROI 20%를 기록합니다. 다시 말해 워런 버핏에게 1억을 맡기면 1년 후에 1억 2000만 원으로 만들어준다는 뜻이죠. 워런 버핏은 ROI 20% 달성을 50년 넘게 지속해왔다니 정말 굉장하다고 할 수 있죠. 이러니까 2018년에도 세계 4위의 부자가 될 수 있었던 게 아닐까요?

"KPI부터 우선잡고 시작하자."

KPI는 Key Performance Indicators의 줄임말로 핵심성과지표 또는 중요업무평가지표라고 합니다. 팀마다, 서비스마다, 개인마다 KPI는 다릅니다. KPI는 업무목적, 목표에 맞춰 선정해야 합니다. 같은 KPI라도 영업관리팀의 경우엔 그 내용이 매출채권 및 미수금 회수가 될 수 있고, 구매팀의 경우엔 적정자재 발주 및 재고관리, 영업팀의 경우엔 제품 판매량 또는 가입자 수, 매출액, 매출채권 회수 등이 해당될 것입니다. 또 팀장님과 팀원의 KPI도 다릅니다. 팀장님은 팀 성과와 리더십을, 팀원은 역량 향상과 팀워크를 KPI로 할 수 있습니다.

만화 《미생》에서 오과장은 신입사원 장그래에게 '일할 때 전문 용어를 사용해야 하는 이유'를 이렇게 설명합니다.

"전문적인 용어를 써서 대화한다는 건 대화의 깊이를 더하고 속도를 높이는 일이야. 10분 동안 해야 될 이야기를 전문용어로는 1분 만에 할 수 있다는 거야. 우린 모두 똑같은 시간을 사는데 전문용어를 쓴다면 시간을 좀 더 효율적으로 쓸 수 있겠지."

TPO 숫자 전문용어로 대화의 깊이, 속도, 효율성을 높인다면 당신의 위상은 한 단계 높아질 것이고, 당신은 TOP을 향하게 될 것입니다.

- ③ -
일하는 게 숫자로 나온다,
월급명세서

직장생활을 한 지 이제 한 달 되었네요. 신입 중에도 초신입이지만 한 번 사는 인생 멋지게 살자는 게 제 철학입니다. 그래서 월급날만 기다리며 열심히 일했지요.

띠딩.

'와! 월급 들어왔구나!' 하며 모바일뱅크 앱을 켜고 이체내역을 살펴보니 월급이 잘못 들어온 거 같습니다. 제가 생각한 것보다 너무 적었거든요. 신입사원이라는 제 계급을 잊은 채 이성을 잃고 당장 인

제가 좀 숫자에 약해서

사팀 사무실로 뛰어 올라갈 뻔했습니다. 다행히 동기가 저지해줘서 가출한 이성을 겨우 되찾았네요. '욜로'를 추구하는 저인데 '욜라' 실망스럽습니다. 제가 잘못 알고 있는 건 아닌지 머리를 쥐어짜며 기억을 되새겨봤습니다.

제가 사인하고 확인한 연봉계약서상의 연봉은 2400만 원입니다. 그러면 월급은 연봉의 12분의 1인 200만 원이어야 하지 않나요. 하지만 제 통장에 찍힌 건 200만 원이 아니라 170만 원이 쪼금 넘는 금액이네요.

서둘러 컴퓨터 앞에 앉아 이메일로 받은 월급명세서를 인쇄한 뒤 줄을 그어가며 살펴봤습니다. 국민연금, 건강보험, 장기요양보험, 고용보험, 소득세, 주민세 등등 제대로 설명 한 번 듣지 못한 곳으로 제 피 같은 월급이 줄줄이 빠져나가고 있었습니다. 대체 장기요양보험은 뭘까요? 스트레스 받아서 드러누우면 요양시켜준다는 걸까요? 또 소득세에 보험에 뭐가 그리 떼어가는 게 많은 건가요? 이래서 직장인이 봉이라는 걸까요?

세금을 내기 위해 일하는 건지 억울했고 분노가 치밀어 올랐습니다. 예상했던 것보다 적은 돈에 뭔가 사기당한 기분입니다.

신입사원이라면 기대감과 긴장감 속에서 한 달 동안 열심히 일한 뒤 받은 첫 월급이 생각보다 적어서 실망하는 경우가 많습니다. 첫 월급이니 부모님께 내복도 사드리고 용돈도 좀 드리고, 옷도 좀 사고, 친구들에게 한턱도 내고…. 장밋빛 미래에 부풀었을 텐데 예상과 달라서 마음이 상했을 수도 있습니다.

그런데 처음에는 이렇게 열심히 확인하던 월급명세서도 시간이 지나면 열어보지 않게 됩니다. 월급은 통장을 스쳐가는 숫자에 불과하다고 생각하게 되죠. 그래서인지 지금 내가 받는 월급이 얼마인지, 얼마나 공제되고 있는지 모르는 직장인들이 꽤 많습니다. 이번에는 왜 직장인의 월급봉투를 유리지갑이라고 하는지, 월급명세서를 받을 때 특별히 눈여겨봐야 할 건 없는지, 월급명세서의 A부터 Z까지 철저히 해부해보려고 합니다.

자, 메스!

월급명세서는 크게 지급내역과 공제내역으로 나뉩니다. 지급내역은 회사에서 나에게 준 월급의 세세한 내역, 공제내역은 내 월급에서 떼어간 내역입니다. 따라서 지급액 합계에서 공제액 합계

월급명세서

지급 내역		공제 내역	
기본급	2,000,000	국민연금	90,000
시간외수당	40,000	고용보험	13,000
식비	50,000	건강보험	62,400
경조금	100,000	장기요양보험	4,600
상여금	-	소득세	19,520
		주민세	1,950
		야구동호회비	10,000
지급총액(A)	2,190,000	공제총액(B)	201,470
실지급액(A-B)	1,988,530		

를 뺀 차액이 월급통장에 입금됩니다. 이것이 세전 월급, 세후 월급을 가르는 기준입니다. 근로계약서에 명시된 것은 세전 월급이고, 지급액에서 공제액을 뺀 차액은 세후 월급입니다. 세후 월급은 다른 말로 실수령액이라고도 합니다. 통장에 찍힌 월급이 바로 실수령액입니다.

직장인이라면 세전 월급뿐 아니라 세후 월급도 정확하게 알고 있어야 합니다. 열심히 일한 대가가 얼마인지도 모르고 그냥 받는다? 부자가 되기 위해 재테크를 하고 있다면 정확한 수입을 알아야 계획을 세울 수 있습니다. 얼른 월급명세서를 열고 월급내역을 확인해봅시다.

뭘 받는지 보여주는 지급내역

그럼 지급내역에는 어떤 항목들이 있을까요? 일단 가장 중요한 기본급부터 살펴봐야 합니다.

기본급은 회사에서 법정근로시간에 따라 지급하기로 한 월급입니다. 기본급이 중요한 이유는 이를 기준으로 세금을 매기고 보너스가 결정되기 때문입니다. 입사하거나 이직할 때 다른 건 몰라도 기본급은 정신 똑바로 차리고 살펴봐야 합니다. 근로계약서와 다르게 기본급이 지급됐다면 바로 근로계약과 급여지급을 담당하는 팀에 가서 확인하세요. 회사에 따라 다를 수 있겠지만 대기업과 중견기업은 인사팀에서, 중소기업은 경리팀에서 담당합니다.

다음은 추가수당입니다. 야근을 하거나 휴일에 출근해서 일을 하면 회사는 직원에게 추가수당을 지급해야 합니다. 그런데 작은 회사의 경우 추가 수당이 기본급에 포함되어 있다고 말합니다. 이게 바로 포괄임금제입니다. 포괄임금제란 연장근로수당, 야근수당 등을 기본급에 포함하는 것입니다. 그래서 포괄임금제가 공짜 야근을 강요하고 장시간 노동을 시키는 제도란 비판이 많았습니다. 몇몇 회사들은 포괄임금제를 자체적으로 폐지하기도 했습니다. 정부에서 포괄임금제를 개편하겠다고 하는데 어떻게 바뀔지 기다려봅시다.

추가수당으로는 법으로 정해진 휴가일수를 사용하지 않았을 경우 받는 연차수당, 휴일에 출근하면 받는 휴일출근수당, 야근을 하면 받는 야근수당 같은 시간외수당이 있습니다. 대기업의 경우엔 시스템이 잘되어 있지만 중소기업은 본인이 시간외수당을 체크해야 합니다. 시간외수당은 직접 입력해야 하기에 깜박할 수도 있습니다. 야근을 하거나 휴일에 출근했다면 꼼꼼하게 기록해서 시간외수당 내역과 비교해봐야 합니다. 전자출퇴근기록 시스템이 없다면 출퇴근 기록부를 작성하거나 따로 관리합시다.

그다음으로 복리후생비가 있습니다. 식대나 경조금, 문화생활비처럼 회사 차원에서 지급하는 돈입니다. 특히 따로 지급되는 복리후생비가 있다면 꼭 확인하는 것이 좋습니다. 회사에 따라서는 도서 구매 또는 영화 관람 영수증을 첨부하면 그 다음 달에 그 비용을 문화생활비로 지급하는 경우도 있습니다. 결혼 또는 출산 을 하거나 가족 중에 상을 당했을 경우 지급되는 경조금도 확인해야 합니다. 경조금의 경우 대부분의 회사가 본인이 직접 알려야 받을 수 있습니다. 회사마다 경조금의 기준이 있으니 꼭 확인하고 챙기도록 합시다.

마지막으로 보너스라고 부르는 상여금이 있습니다. 상여금을 지급하는 횟수나 시점은 회사마다 달라서 분기나 반기에 줄 수도 있고, 명절에만 주기도 합니다. 기본급이 낮은 경우 상여금 지급 빈도를 늘리거나 지급액을 높이는 꼼수를 부리는 경우도 있습니다. 상여금의 빈도를 높이거나 많이 주는 게 왜 꼼수냐고 궁금해하는 분들도 있을 겁니다. 사실 상여금이든 뭐든 월급을 많이 주기만 하면 좋다고 생각할 수도 있지만, 상여금은 말 그대로 '상으로 받는 돈'입니다. 회사가 어렵다는 핑계로 상여금은 안 줄 수 있지만 기본급은 꼭 지급해야 합니다. 따라서 기본급을 줄이고 상여금을 높이는 것은 회사가 만들어놓은, 일종의 도망 갈 구멍이라고 볼 수도 있습니다.

월급에서 쏙쏙 빠지는 공제내역

이번에는 직장인이 한숨을 쉬게 만드는 공제내역을 살펴봅시다. 공제의 대표는 바로 4대 보험이라고 불리는 국민연금, 건강보험, 장기요양보험, 고용보험입니다.

회사는 월급에서 4대 보험과 세금을 미리 떼서 대신 납부합니다. 우린 이것을 원천징수라고 부릅니다. 연봉에서 원천징수한 나머지 돈을 주기 때문에 실수령액이라는 말이 나왔습니다. 다행인건 4대 보험을 회사와 개인이 50%씩 부담한다는 것입니다. 내가내는 만큼 회사도 내고 있다고 생각하니 뭔가 덜 손해 보는 느낌이 들기도 합니다.

4대 보험에 대해 조금 더 자세히 살펴봅시다. 먼저 국민연금은만 65세부터 받을 수 있는 연금입니다. 즉, 국가가 책임지는 노후를 위한 연금 상품인데, 회사를 다니며 받는 월급에서 떼서 미리납부합니다. 국민연금은 교통비 같은 실비수당이나 식대 같은 복리후생비를 뺀 지급액의 9%를 산출한 뒤 이를 개인과 회사가 반반 나눠서 각각 4.5%씩 납부합니다.

건강보험은 병원 같은 의료기관을 저렴한 비용으로 이용할 수있는 보험입니다. 건강보험이 없으면 감기로 병원에 가도 어마어마한 돈을 내야 합니다. 건강보험 역시 월급의 6.24%를 회사와반반 나눠서 납부합니다.

장기요양보험은 치매, 중풍 등 노인성 질환을 가진 노인들을 지원하는 보험이지 내 노후를 대비하는 요양보험이 아닙니다. 하지만 우리도 나이를 먹고 병이 들었을 때 직장인들이 십시일반 내는 장기요양보험의 혜택을 받을 수 있습니다. 장기요양보험은 건강보험의 일종으로 건강보험의 7.38%를 보험비로 산출하고 이를 회사와 반반 나눠서 납부합니다.

마지막으로 고용보험은 근로자가 실직했을 때 실업급여를 지급하거나 구직을 위한 교육을 지원하기 위한 보험입니다. 고용보험 역시 회사와 개인이 반반 납부합니다. 고용보험 요율은 회사의 규모에 따라 150인 미만은 0.25%, 150인 이상이고 우선지원대상 기업의 경우 0.45%, 150인 이상이고 1000인 미만 기업의 경우 0.65%, 1000인 이상 또는 국가지방자치단체의 경우 0.85%로 각각 다릅니다.

그런데 여기서 궁금증이 하나 생깁니다. 국민연금과 건강보험은 내가 직접적으로 혜택을 받습니다. 하지만 장기요양보험과 고용보험은 타인을 위한 사업에 쓰거나 아직 내게 일어나지 않은 '실직'이라는 일에 대비하는 돈입니다. 그래서 강제로 걷어가는 것이 이해가 안 되거나 마음에 안 들 수 있습니다. 하지만 사람 일은 모르지 않나요? 우리 부모님이 장기요양보험의 수혜자가 될 수도 있고, 당장 내달부터 내가 고용보험 혜택을 받게 될지도 모르는 일입니다. 국가에서 보증하는 보험이니 안전하다고 생각을 바꿔봅시다. 이만큼 든든한 보험이 어디 있겠습니까?

이제 국가에 내는 세금을 살펴봅시다. 근로자는 소득의 일정부분을 국가에 소득세로, 또 거주하는 지역에 지방세, 즉 주민세로 납부합니다. 소득의 범위에 따라 내는 세금(소득세율)은 다르지만 주민세는 항상 소득세의 10%입니다. 20만 원을 소득세로 납부했다면 주민세는 2만 원입니다. 세금은 두 가지 종류밖에 없어서 참 간단하고, 회사가 대신 납부해주니 편하기도 합니다. 하지만 이것으로 끝이 아니라 1년에 한 번 연말정산을 통해 많이 낸 세금은 돌려받고, 적게 낸 세금은 더 내야 합니다.

세금과 4대 보험 납부 외에도 공제내역은 또 있습니다. 만약 사내동호회에 가입했거나 회사에 사우회가 있다면 회비를 공제하기도 합니다. 사내 야구동호회에 가입했는데 한 달 회비가 5만 원이라면 매달 월급에서 5만 원을 공제합니다.

4대 보험, 세금, 사우회비 등 이 모든 것을 더한 것이 공제액 합계입니다. 기본급, 수당, 상여금 등 지급액 합계에서 공제액 합계를 뺀 금액이 우리 월급통장에 찍히는 실수령액입니다. 이 정도면 연봉계약서의 금액과 통장에 들어오는 돈이 왜 이렇게 다른지에 대한 궁금증이 전부 해소되었겠지요?

월급을 생각하면 저는 노래 제목 하나가 떠오릅니다. 이수영의 〈스치듯 안녕〉. 통장에 들어온 월급이 카드값 등으로 바로 빠져나가며 제게 말합니다.

"스치듯 안녕."

- ④ -

되돌려받는 기쁨, 연말정산 1

"와우, 이번에 87만 원 환급이다!"

"정말요, 과장님? 말도 안 돼."

"윤 대리는 이번에도 못 받아?"

"네, 저는 대한민국의 충실한 일꾼이죠. 나라 세금으로 잘 쓰시라고 드리기 바빠요."

"연말정산 잘못한 거 아냐?"

"시키는 대로 했는데⋯. 제가 모르는 연말정산 방법이 따로 있는 걸까요?"

2월의 어느 날, 다들 연말정산 환급받는다고 붕 떠 있습니다. 나라에서 13월의 월급을 주니까요. 열심히 입력한 연말정산 덕에 남들은 많이 받았다 얼마 받았다 하는데 저는 그런 13월의 월급을 받아 본 적이 없습니다. 솔직히 받지 않아도 좋으니 더 뺏어가지만 않으면 좋겠습니다. 매년 세금을 더 냈던 저에게 연말정산은 13월의 세금, 아니 13월의 폭탄입니다.

옆에 앉아 있는 입사동기 김 대리가 멍하니 있기에 어깨를 툭 치며 말했습니다.

"김 대리 역시 올해도 여지없이 폭탄? 나랑 동지?"

"폭탄? 아, 아니! 나도 환급받아! 드디어! 기쁨의 눈물이…."

"레알? 진짜? 나랑 비슷하지 않아?"

"공부 좀 했어. 공부한 만큼 환급받는다기에 연말정산 환급받는 방법을 열심히 검색해서 준비했지."

"좋겠다, 이 배신자! 지만 살겠다고 공부하고."

"진짜 좋아. 보너스 받은 기분이라니까!"

"그럼 고기 좀 사라!"

참담했습니다.

'왜 나는 못 받는 걸까?'

다들 받는 걸 저만 못 받으니 정말 바보가 된 기분입니다. 연말정산 간소화 서비스를 이용해서 회사에서 시키는 대로 다 했는데 뭐가 문제일까요? 김 대리한테 커피라도 한 잔 사며 팁을 좀 얻어야겠습니다.

내년에는 받고 말겁니다. 13월의 월급.

연말정산은 흔히 13월의 월급이라고 부릅니다. 연말정산을 준비할 때는 귀찮지만 받을 때는 꿀맛입니다. 그런데 연말정산은 회사에서 시키는 대로만 해서는 안 됩니다. 많이 알고 준비해야 돌려받을 확률이 커지니까요. 아직 연말정산의 꿀맛 대신 쓴맛만 봐왔다면 이번에 연말정산에 대해 제대로 알아봅시다.

13월의 월급이 아니라 13월의 정산

먼저 연말정산이 뭐기에 나라에서 돈을 주기도 하고 다시 받아가기도 하는 걸까요? 그 이유를 알아야 못 받아도 덜 억울합니다.

직장인은 월급을 받을 때 세금을 냅니다. 직접 내지 않아도 회사가 친절하게 알아서 세금을 뗀 뒤 월급을 줍니다. 이것을 원천징수라고 합니다. 급여, 가족, 자녀수를 반영한 근로소득세율에 따라서 세금을 떼고, 이렇게 뗀 돈은 회사가 갖는 것이 아니라 국가에 납부합니다.

그런데 이 세금은 일괄적인 근로소득세율을 기준으로 냈기 때문에 대략적으로만 납부한 것이라고 할 수 있습니다. 우리에게는 소득뿐 아니라 지출도 있고, 개인마다 형편과 사정도 다 다릅니다. 그래서 연말정산을 통해 1년 동안 받은 월급과 쓴 돈을 개개인의 형편에 맞춰 정확하게 계산하고 그것을 기준으로 내야 할 세금을 다시 확정하는 것입니다.

계산을 해서 세금을 더 냈다면 돌려받고 적게 냈다면 더 냅니다. 돌려받는 것을 환급, 추가로 더 내는 것을 추징이라고 합니다. 그러니 13월의 월급보다 13월의 정산이라고 말하는 게 정확할 겁니다. 내가 내야 할 세금을 정확히 계산한 것뿐이니까요.

가끔 연말정산 이야기를 할 때 소외되는 분들이 있습니다. '우리 회사는 왜 연말정산을 안 하지?' 하고 궁금할 겁니다. 그럴 때는 본인이 다니는 회사가 4대 보험에 가입이 되어 있는지를 먼저 확인해봐야 합니다. 4대 보험에 가입되어 있지 않은 회사나 개인사업자의 경우엔 5월 종합소득세 신고를 통해 미리 낸 세금을 돌려받거나 추가로 세금을 더 냅니다.

세금을 덜 내려는 꼼수

물건을 사고 현금으로 결제하면 할인을 해주는 경우가 있습니다. 가게에서 옷을 구매하려고 하니 "카드로 하면 2만 원인데 현금으로 하면 1만 8000원에 해드릴게요"라며 현금으로 사면 더 싸다고 말하는 것을 들은 경험이 있을 겁니다. 이건 다 소득을 줄여서 세금을 덜 내기 위해서입니다.

소득이 그대로 노출되는 유리지갑인 직장인과 달리 프리랜서, 자영업자, 개인사업자의 경우 소득을 직접 신고합니다. 그래서 소득을 고의로 줄이면 세금을 덜 낼 수 있습니다. 특히 현금은 실제 받은 것보다 적게 받았다고 하고 영수증도 발급하지 않으면 나라에서 알 방법이 없습니다. 정의사회구현을 위해 이런 경우를 발견하면 바로바로 국세청에 신고를 합시다. 누구는 세금을 다 내고 누구는 세금을 덜 내는 건 정말 공평하지 않습니다.

연말정산과 과세표준

연말정산으로 환급을 받으려면 먼저 과세표준 개념을 이해해야 합니다. 내가 1년 동안 번 돈을 종합소득금액이라 하고, 이 종합소득금액을 기준으로 내는 세금을 과세표준이라고 합니다. 종합소득금액이 많으면 과세표준이 높고, 종합소득금액이 적으면 과세표준 역시 낮습니다.

연말정산으로 환급받으려면 소득공제를 통해 과세표준을 줄여야 합니다. 그럼 어떻게 줄일 수 있을까요?

소득공제를 이용하라

소득공제란 종합소득금액에서 소득을 빼주는 것입니다. 소득이 작아지면 내야 하는 세금도 작아집니다. 그러므로 연말정산으로

연말정산 세액계산은 어떻게 하나요?

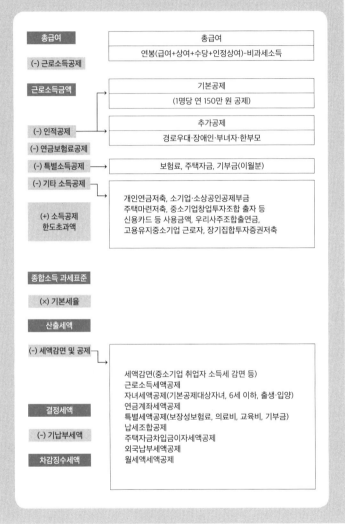

총급여	
총급여	
연봉(급여+상여+수당+인정상여)-비과세소득	

(-) 근로소득공제

근로소득금액

기본공제
(1명당 연 150만 원 공제)

(-) 인적공제

추가공제
경로우대·장애인·부녀자·한부모

(-) 연금보험료공제

(-) 특별소득공제 → 보험료, 주택자금, 기부금(이월분)

(-) 기타 소득공제

(+) 소득공제 한도초과액

개인연금저축, 소기업·소상공인공제부금
주택마련저축, 중소기업창업투자조합 출자 등
신용카드 등 사용금액, 우리사주조합출연금,
고용유지중소기업 근로자, 장기집합투자증권저축

종합소득 과세표준

(×) 기본세율

산출세액

(-) 세액감면 및 공제

결정세액

세액감면(중소기업 취업자 소득세 감면 등)
근로소득세액공제
자녀세액공제(기본공제대상자녀, 6세 이하, 출생·입양)
연금계좌세액공제
특별세액공제(보장성보험료, 의료비, 교육비, 기부금)
납세조합공제
주택자금차입금이자세액공제
외국납부세액공제
월세액세액공제

(-) 기납부세액

차감징수세액

제가 좀 숫자에 약해서

돈을 돌려받으려면 소득공제에 집중해야 합니다. 소득공제 항목에는 뭐가 있을까요? 인적공제, 연금보험료공제, 특별소득공제, 기타소득공제 등이 소득공제 항목에 해당됩니다. 부양가족이 많으면 인적공제를 꼭 받고, 개인연금저축을 들어서 보험료를 납부하고 있으면 기타소득공제를 꼭 받아야 합니다. 공제받을 수 있는 건 다 받아야만 환급액도 늘어날 수 있습니다.

부양가족이 많으면 많을수록 인적공제를 많이 받습니다. 인적공제의 경우 공제대상자 중 경로우대, 장애인, 부녀자, 한부모에 해당하면 추가공제가 있습니다. 해당되는 건 없는지 꼭 확인해야 합니다. 부양가족이 없고 혼자 살고 있는 싱글의 경우 인적공제를 못 받고, 이 때문에 과세표준이 줄어들지 않아 연말정산을 하면 오히려 더 내는 경우가 많습니다.

여기서 주의할 점은 60세 이상의 부모님을 부양가족으로 등록해서 공제를 받으려면 부모님의 연간소득이 100만 원 이하여야 한다는 것입니다. 연간소득이 101만 원이라면 공제를 못 받습니다. 이때 연간소득은 근로소득, 종합소득, 퇴직소득, 양도소득 등을 모두 합친 금액입니다. 부양가족으로 등록할 부모님의 소득을 꼼꼼하게 살펴봅시다.

특별소득공제도 있습니다. 보험료의 경우 국민연금보험료, 건강보험료, 고용보험료가 전액 공제됩니다. 또한 요즘 1인 가족이 늘면서 전세나 월세 대출을 많이 받아 전월세 대출금도 공제됩니다. 공제가 되는 것들은 모두 챙깁시다.

기타소득공제를 현명하게 준비하자

우리가 소득공제라고 하면 가장 먼저 떠올리는 게 바로 신용카드공제입니다. 대부분의 사람들이 어렴풋이 '카드를 많이 쓰면 연말정산에 유리하다'는 정도로 알고 있습니다. 그런데 혼자 산다면 카드 공제에 대해 철저히 분석해야 합니다.

먼저 신용카드는 연봉의 25%를 초과해서 써야만 소득공제 혜택을 받을 수 있습니다. 만약 내 연봉이 2000만 원인데 신용카드로 700만 원을 썼다면, 연봉의 25%인 500만 원을 초과한 200만 원에 대해서만 소득공제를 받을 수 있습니다. 그런데 이것도 전부 소득공제가 되는 게 아닙니다. 초과해 쓴 200만 원의 15%, 즉 30만 원만 소득공제가 됩니다. 예상보다 적다고 생각되지 않나요?

그래서 체크카드 사용을 추천합니다. 체크카드도 신용카드처럼 연봉의 25%를 초과한 부분만 소득공제 대상입니다. 신용카드랑 똑같은데 왜 체크카드를 써야 할까요? 체크카드는 신용카드 공제율 15%보다 2배나 많은 30%까지 공제받을 수 있기 때문입니다.

내 연봉이 2000만 원인데 체크카드로 700만 원을 썼다면, 연봉의 25%인 500만 원을 초과한 200만 원의 30%인 60만 원을 공제받을 수 있습니다. 신용카드는 30만 원이었는데 체크카드는 2

배나 됩니다. 다만 신용카드를 사용해도 30% 공제를 받는 경우가 있습니다. 전통시장에서의 사용액이나 대중교통비에만 해당됐는데, 2018년부터는 도서구입비나 공연관람비도 해당됩니다. 이 책을 사신 분도 소득공제를 받는다는 이야기입니다.

저희 가게의 손님들 중 현금영수증 챙기는 분은 굉장히 드문데, 현금을 쓴다면 현금영수증을 꼭 발급받으라고 권하고 싶습니다. 현금영수증도 체크카드처럼 30% 공제 혜택이 있기 때문입니다. 귀찮다고 발급 안 받으면 본인만 손해고, 개인의 경우 휴대전화번호만 입력하면 끝이니 꼭 발급받읍시다.

주택마련저축도 소득공제 대상이라는 사실을 모르는 사람이 꽤 많습니다. 주택마련저축은 쉽게 말해 청약통장입니다. 은행에서 무주택확인서를 발급받고 주민등록등본을 제출하면 공제받을 수 있습니다.

세금을 줄여주는 세액공제를 이용하라

소득공제를 통해 종합소득 과세표준이 확정되었다면 과세표준에 해당하는 세율을 곱해서 세금이 정해집니다. 이것을 산출세액이라고 하는데, 여기에서 또 공제를 해주는 것이 바로 세액공제입니다. 이번에는 세액공제를 이용해 환급받는 방법을 알아봅시다.

세액공제에는 중소기업취업자를 위한 세액감면, 근로소득세액공제, 자녀세액공제, 특별세액공제 등 다양한 종류가 있습니다. 이 중에서도 특별세액공제는 꼼꼼하게 챙겨야 합니다.

특별세액공제에 집중하라!

특별세액공제에는 우리가 살면서 많이 지출하는 항목들이 많이 포함됩니다. 실손보험, 종신보험, 자동차보험 같은 보장성보험료는 세액공제를 받을 수 있습니다. 진찰 또는 치료를 받고 약을 구입할 때 의료비가 발생합니다. 안경점에서 지불한 렌즈나 안경 구입비도 의료비에 해당됩니다. 의료비는 가족이라면 다 공제받을 수 있습니다. 여기서 가족이란 가족관계증명서 기준입니다. 의료비 공제에서 주의할 것은 증빙을 누락해서 세액공제를 못 받는 경우입니다. 예를 들어 안경점에서 안경이나 렌즈를 샀는데, 연말정산 간소화 서비스 자료에서 누락될 수 있습니다. 누락이 확인됐다면 구입한 안경점에서 '시력교정용' 영수증을 발급받아서 회사에 제출하면 됩니다.

직장인은 자기계발을 위해 교육을 받습니다. 교육비도 세액공제가 가능합니다. 학자금 대출 상환액도 교육비에 해당합니다. 자녀교육비도 당연히 공제받습니다.

마지막으로 기부금입니다. 기아대책이나 월드비전처럼 비영리단체에 후원을 하고 있거나, 종교기관에 헌금을 내거나 공양을 했다면 공제를 받을 수 있습니다. 종교기관, 비영리단체에서 기부금영수증을 꼭 발급받아서 공제를 받읍시다. 기부금의 경우 직접 안 챙기면 공제를 받을 수 없습니다. 만약 특별세액공제를 안 받는다면 표준세액공제라고 해서 13만 원 공제를 받게 됩니다.

전세난으로 월세를 사는 직장인이 많습니다. 이런 월세액도 10%까지 750만 원 한도로 세액을 공제받을 수 있습니다. 임대차계약서와 월세 지급 영수증 또는 계좌이체내역을 제출하면 됩니다.

국세청의 연말정산 간소화 서비스를 이용하면 필요한 증명서류를 간편하게 발급받을 수 있어서 참 편리합니다. 1년 동안 사용한 의료비, 교육비, 기부금, 카드 사용금액, 현금영수증 금액 자료가 제공되거든요. 하지만 특별세액공제에 해당하는 보장성보험료,

2 알아두면 참 좋은 숫자 상식

의료비, 교육비, 기부금 증명서류 중에는 간소화 서비스에서 발급되지 않는 것이 종종 있습니다. 이런 서류는 직접 챙겨야 하니 간소화 서비스만 너무 믿지 말고 빠진 건 없는지 꼭 확인해봐야 합니다.

부양가족의 연말정산 자료는 부양가족의 동의를 받아야 제출이 가능합니다. 동의를 받는 방법은 연말정산 간소화 홈페이지에서 소득공제자료제공 동의 신청을 한 뒤 부양가족(자료제공자)의 휴대 전화로 인증을 받으면 됩니다. 자료제공 동의 방법을 몰라서 공제를 누락하는 경우가 많은데 꼭 챙깁시다.

되돌려받는 기쁨, 연말정산 2

"여보, 이번에 마블에서 〈앤트맨〉 영화 나왔던데? 보러 갈까?"

"그래? 좋아! 요번엔 또 어떤 영상이 숨어 있으려나. 내년에 〈어벤 저스 4〉도 빨리 보고 싶다."

"나도! 하하하!"

팔짱을 끼며 우리 집으로 들어갑니다. 우리는 알콩달콩하게 살고 있는 맞벌이 부부입니다. 평일엔 둘 다 일하고 집에 와서 뻗어 자느 라 바쁘지만 주말엔 재밌게 보내려고 서로 좋아하는 것을 같이합니

다. 다행히 취미도 잘 맞고 말도 잘 통해서 '부부싸움이 뭐지? 먹는
건가?' 하며 지냈습니다.

그런데 이번엔 좀 다릅니다. 사건은 마트에서 터졌습니다.

"여보. 과일 좀 살까? 제철과일이 몸에 그렇게 좋다고 영자 언니가
그러더라."

"아, 첫 달에 나온 천도복숭아를 먹으면 운세가 좋대."

뭐 먹을까? 뭐 마실까? 이곳저곳 둘러보며 물건을 담았습니다. 결
제하려고 물건을 계산대에 올리고 카드를 꺼내려는데 남편이 제 손
을 딱 막았습니다.

"내 카드로 결제할게."

"아냐. 내 카드로 할게."

그간 생필품은 주로 제 카드를 써서 구입하고 통장에 카드결제대금
을 입금하곤 했습니다.

"지금까지 내 카드로 결제했는데 왜 그래?"

"이제부터 내 카드로 해도 되잖아."

매장의 계산원은 당황하고 우리 뒤에 줄 선 고객들의 눈에선 레이
저가 뿜어져 나왔습니다. 사실 제 카드로 결제하려는 이유는 연말
정산 때문입니다. 우리 부부는 연말정산으로 환급받은 세금은 공유
하지 않고 각자의 보너스 용돈으로 삼고 있습니다. 그래서 장 본 비
용을 제 카드로 결제해서 환급을 받아왔는데 이 인간이 반란을 일
으킨 겁니다. 보너스 용돈이 얼마나 중요한데…. 다른 사람은 이해

못하겠지만 저희는 정말 치열했습니다.

"혹시 연말정산 때문에 그래?"

"나만 적게 받을 필요는 없잖아. 이번엔 양보하시지!"

"흥, 정말 착한 내가 양보한다! 가위바위로 결정해 그럼!"

집에 돌아오며 남편과 카드를 몰아 쓰는 것밖에 연말정산 환급받는 방법이 없는 건지 이야기를 나눴습니다.

"우린 맞벌이 부부잖아. 맞벌이 부부에게 맞는 연말정산 환급방법이 있을 것 같은데."

"그렇겠지. 우리 공부해야겠다. 아까는 미안해."

"나도…."

오늘도 집으로 가는 길이 따뜻합니다.

연말정산 초고수 부부는 다르다

귀찮아서 공부도 안 하고 각자 알아서 연말정산을 하는 맞벌이 부부들이 많습니다. 돌려받을 수 있는 세금을 국가에 자발적으로 헌납했으니 애국심이 대단하다고 박수라도 쳐야 할 거 같네요. 또 소득이 많은 쪽에 일방적으로 몰아서 공제받는 부부도 있습니다. 골치 아프지 않은 참 쉬운 방법이지만 뭔가 아쉽습니다. 연말정산 초고수 부부는 다릅니다. 수많은 공제내역을 비교해서 누가 받으면 더 많이 공제받을 수 있는지, 둘 다 세금을 적게 내고 더 많이 환급받는 방법은 없는지 일일이 따져봅니다. 그걸 어떻게 하냐고요?

한국납세자연맹 사이트(http://www.koreatax.org)에서 맞벌이부부 절세 계산기를 이용하면 최적의 조합을 찾을 수 있습니다. 먼저 부부의 종합소득을 따져서 누가 더 급여를 많이 받고 적게 받는지 확인한 뒤 공제항목을 살펴봐야 합니다.

의료비는 연봉의 3%를 초과해야 공제를 받습니다. 남편의 연봉이 4000만 원 아내가 3000만 원인데, 만약 이 부부가 사용한 의료비는 70만 원이라면 누가 의료비 공제를 받아야 할까요? 바로 아내입니다. 남편은 90만 원부터 공제를 받을 수 있지만 아내는 60만 원부터 공제를 받을 수 있기에 남은 초과분 10만 원이 공제됩니다. 맞벌이의 경우에는 연봉이 적은 쪽이 의료비 공제를 받는 것이 좋습니다. 단, 배우자가 사업자이거나 직장인이 아니라면 공제를 못 받을 수 있으니 직장인에게 의료비를 몰아주는 것이 좋습니다.

신용카드 사용액은 총급여액의 25%를 초과하는 금액부터 공제됩니다. 공제한도는 1인당 300만 원이므로 연봉이 적은 사람의 카드로 몰아 쓰는 것이 좋습니다. 그러다가 공제한도 300만 원을 넘어서면 다른 배우자 카드로 갈아타면 됩니다.

각자의 총급여액의 25%를 먼저 계산해보세요. 초과시점을 알아야 공제여부를 확인할 수 있습니다. 또한 초과시점에서 300만

원 한도가 되는 시점도 알아야 합니다. 카드사마다 모바일명세서를 보내주니 월마다 정산을 해놓으면 초과시점과 300만 원 한도 시점을 파악할 수 있습니다. 한도시점에 맞춰 갈아타기를 하면 됩니다.

초과시점부터는 신용카드를 쓸지 체크카드를 쓸지도 미리 고민해놓는 것이 좋습니다. 체크카드가 신용카드보다 공제율이 15% 더 높습니다. 초과시점부터 상황에 맞춰 카드를 쓰는 건 어떨까요? 생활비를 쓸 때는 체크카드, 경조사나 외식비의 경우 신용카드를 쓰는 식으로요.

만약 배우자가 육아휴직을 쓴다면 재직 중인 배우자의 카드를, 또 한쪽이 사업자라면 직장인인 배우자의 카드를 쓰는 것이 좋습니다. 사업자의 경우 사업용 카드를 사용하므로 공제를 못 받기 때문입니다.

끝나면 나타나는 누락공제들

열심히 연말정산을 했다고 해도 준비할 때 빼먹거나 정신없어서 누락한 것들은 꼭 정산이 끝나야 나타납니다. 이걸 왜 빠뜨렸을까, 머리를 쥐어뜯으며 한탄하지 마세요. 탈모치료비용이 연말정산 환급비보다 더 비쌀 수 있으니까요. 대신 이런 아쉬운 순간에 구원의 손길을 내미는 연말정산 경정청구 제도를 이용하면 됩니다.

연말정산 경정청구란 누락한 공제항목을 다시 신고해서 돌려받게 해주는 친절한 제도입니다. 최근 5년 이내에 빠뜨린 것들 모두를 추가공제받을 수 있습니다. 대부분의 회사들이 1월에 연말정산 서류를 제출하라고 하지만 실제는 2월까지 연말정산이 가능합니다. 추가할 사항이 있다면 2월까지 관련 서류를 회사에 제출하면 됩니다.

그런데 늦어서 눈치도 보이고, 또 회사에 알리고 싶지 않은 사항이 있을 수 있습니다. 3월에 빠뜨린 걸 찾으면 어떻게 할까요? 그럴 땐 국세청 홈택스의 '경정청구 자동작성 서비스'를 이용해서 직접 신고하면 됩니다. 홈택스를 처음 사용하면 어려울 수 있으니, 가까운 세무서에 방문해서 경정청구를 쉽게 해보세요.

세무서에 과세표준 및 세액의 경정 청구서, 근로소득원천징수영수증, 소득공제 관련 증빙서류 등을 제출하면 됩니다. 세무서에

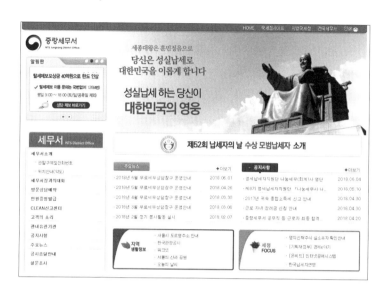

돈을 내야 하는 거 아니냐고요? 돈을 받고 세금신고를 대신 해주는 곳은 세무서가 아니라 세무사사무소입니다. 많은 분들이 세무서와 세무사사무소를 헷갈리는데, 세무서는 우리 세금으로 운영되며 세무공무원들이 납세를 도와주는 곳입니다. 세무서에 가면 세무공무원들이 친절하고 깔끔하게 처리해주니 마음 편하게 방문하세요.

근로소득 말고 임대소득이나 사업소득 또는 기타소득이 있는 경우 5월 종합소득세 신고기간에 함께 경정청구를 하면 보다 편하게 연말정산을 처리할 수 있습니다. 게다가 바로 환급이 가능하다는 장점도 있지요. 단, 고의로든 실수로든 실제보다 많이 공제

신고를 하면 가산세폭탄을 맞을 수 있습니다. 특히 부부의 경우 공제가 겹치지 않도록 서로 공제 신고한 내역을 꼼꼼하게 더블체크해야 합니다.

놓치기 쉬운 소득공제, 세액공제 10가지 유형

이것은 한국납세자연맹이 발표한 것인데, 그 내용을 살펴보면 '아, 이렇게 쉬운 걸 모르고 지나쳤구나' 싶어서 억울할 겁니다.

1. **부모 및 형제자매의 암, 치매, 중풍, 난치성 질환 등 중증 환자 장애인 공제**
    부모님과 형제 또는 자매가 중증 환자인 경우 병원에서 장애인 증명서를 발급받으면 장애인 공제가 가능합니다. 통계에 따르면 장애인 관련 공제 누락이 가장 많았다고 하네요.
2. **20세를 초과하는 형제자매, 60세 미만 부모가 장애인인 경우, 미혼 여성 세대주 근로자의 부녀자 공제**
    따로 사는 60세 미만 부모님이나 주민등록상으로 동거하는 형제자매가 장애인이면 기본공제가 가능합니다. 또 납세자가 미혼 여성이고 세대주라면 부녀자 소득공제 50만 원을 추가로 받을 수 있습니다. 단 연봉이 4147만 원 이하인 경우에만 해당됩니다.

3. **근로자 본인의 장애인 소득공제**

   근로자 자신이 암, 난치성 질환 등 중증 환자에 해당되면
   장애인 공제가 가능합니다.

4. **이혼으로 친권 포기한 자녀 공제**

   이혼하면서 친권을 포기한 자녀를 전 배우자가 공제받지
   않은 경우에는 자녀 기본 공제가 가능합니다.

5. **해외거주 중인 자녀의 중·고등학교 및 대학교 등록금, 근
   로자 본인의 해외 대학원 교육비**

   해외에서 학교를 다니는 아이의 중·고등·대학교의 등록
   금뿐 아니라 근로자 본인의 해외 대학원 교육비도 세액공
   제가 가능합니다.

6. **따로 사는 동생의 대학 등록금 교육비 공제**

   지방에서 동생과 함께 살다가 다른 곳에 취업되어서 따로 사
   는 경우엔 세법상 같이 사는 것으로 봅니다. 동생 등록금을
   근로자가 대신 납부했다면 교육비 세액공제가 가능합니다.

7. **이혼 또는 사별로 혼자 아이를 키우는 경우 한부모 공제**

   배우자가 없거나 기본 공제받는 자녀가 있다면 한부모 공
   제로 1인당 100만 원을 받을 수 있습니다.

8. **소득이 없는 만 60세 미만 부모님의 의료비 신용카드 기부
   금 등 공제**

   부모님의 연세가 만 60세가 되지 않으면 부양공제를 못 받

습니다. 그러나 부모님이 만 60세 미만이라도 소득이 없고 근로자가 부양하고 있다면 부모님의 의료비와 신용카드, 기부금 등을 공제받을 수 있습니다.

9. **외국인 배우자와 처가 또는 시댁 부모님 공제**

   국제결혼을 했고 외국인인 배우자가 소득이 없다면 배우자 공제를 받을 수 있습니다. 처가 또는 시댁 부모님이 외국에 있더라도 소득이 없다면 부양가족공제를 받을 수 있습니다. 배우자 공제를 받기 위해서는 가족관계증명서, 외국인 등록증 사본을 제출해야 하고, 외국인 처가 또는 시댁 부모님의 경우 해당 국가에서 발급한 배우자의 가족관계증명서를 제출해야 합니다.

10. **연말정산 때 공제를 받지 않은 중도퇴직자**

    회사에서는 퇴직자에게 소득공제 서류제출은 요구하지 않고 기본적인 공제만 신청해서 약식으로 연말정산을 하게 됩니다. 만약 바로 재취업하지 않으면 다양한 공제 등을 놓칠 수 있습니다. 재취업하지 않은 경우 5월 종합소득세 신고기간 때 잊지 않고 처리하면 환급받을 수 있습니다.

이외에도 공제신청 시 누락하기 쉬운 항목들이 많습니다. 검색을 통해 나에게 맞는 항목은 없는지 꼭 확인해보세요.

연말정산 공제항목은 해마다 달라지기 때문에 국세청에서 매년

공지합니다. 포털 사이트에서 '연말정산'을 검색하면 그해에 달라
지는 항목이 바로 나오니 연말정산을 하기 전에 꼭 확인해보시길
바랍니다.

　연말정산은 꼼꼼히 챙기면 13월의 월급, 대충 챙기면 13월의
폭탄이 됩니다. 꼼꼼히 챙겨서 다 함께 13월의 월급을 받읍시다.

2 알아두면 참 좋은 숫자 상식

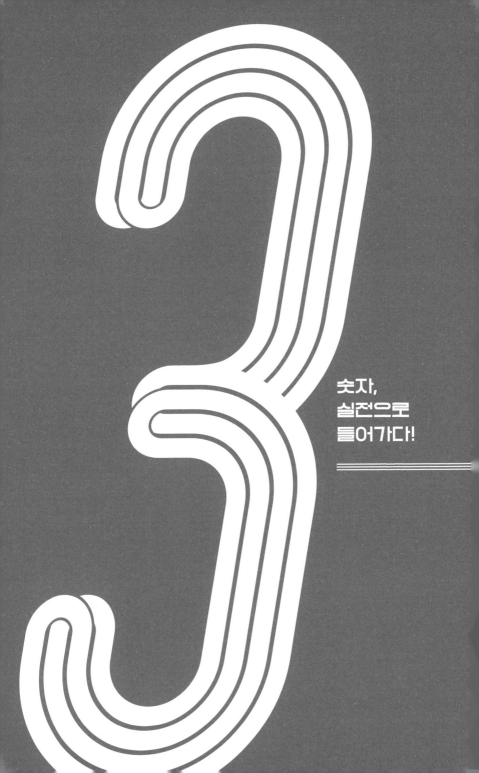

숫자,
실전으로
들어가다!

× 1 ×
비용처리는 신세계지!

어젯밤 오랜만에 만난 동기들과 거나하게 한잔했더니 지각입니다. 술이 원수다 원수! 이렇게 늦은 날엔 총알택시를 타는데 그래서인지 용돈도 총알처럼 사라집니다. 총알택시를 탔으면 지각을 안 해야 하는데 그럼에도 9시 정각을 넘어 도착했습니다. "택시비 물어내!"라고 소리치고 싶었지만 택시는 이미 사라진 뒤입니다.

지각했을 때는 중앙 엘리베이터가 아닌 화물 엘리베이터를 이용합니다. 재킷은 벗어서 가방과 함께 어딘가에 숨겨놓고, 이미 출근한 사람처럼 움직입니다. 파티션 아래로 몸을 낮춰 움직이며 무사히 제 자리에 안착했습니다.

'휴우, 미션 컴플릿.'

아무도 눈치채지 못한 것에 감사하며 한숨 돌리고 컴퓨터를 켜 메일함을 열었습니다. 그런데 무서운 제목의 메일이 도착해 있습니다. '행운의 편지- 이 편지는 영국에서 시작되었으며'는 아니고, '○○주식회사에서 ×× 주식회사로 세금계산서를 발행했습니다'라는 제목으로 '국세청'이 보낸 메일입니다.

어제 먹은 술이 간으로 안 가고 아직 위에 남아 있는지 갑자기 위산이 쏠리는 느낌입니다. 게다가 골치까지 아프네요.

'헉, 이게 무슨 일이야. 국세청이 왜 나한테 메일을 보내지? 설마 내가 나도 모르게 탈세를 했나?'

당황스러워하기에도 모자란 시간에 선배가 지나가면서 한마디 던집니다.

"정용 씨, 오늘 좀 늦었네. 참, 혹시 메일 왔어?"

닥터 스트레인지도 아닌데 선배는 제가 지각한 걸 봤나봅니다.

"네? 어떤 메일이요?"

"○○회사에서 세금계산서 발행한 메일. 정용 씨가 처리해야 될 비용 같아서 메일주소 알려줬는데."

"아! 네, 오늘 왔더라고요. 방금 확인했어요."

"응. 그거 비용처리해. 깜박하지 말고."

제가 좀 숫자에 약해서

"네, 알겠습니다!"

자신 있는 척 답은 했지만 답답했습니다. 내가 알고 있는 처리라고는 페트병 재활용 처리밖에 없는데….

세금계산서는 뭐고, 비용처리는 또 어떻게 하는 걸까요? 화장실에 가려고 일어나니 머리가 어질어질합니다. 술이 덜 깨서겠죠? 편의점에서 꿀물이라도 사 마시고 국세청에서 제게 뭘 보냈는지 확인해 봐야겠습니다.

나라에서 뭐가 날아오면 겁부터 납니다. 저는 이제 받을 나이가 지났지만, 예전엔 우편함 속 예비군 통지서만 봐도 깜짝깜짝 놀랐습니다. 그런데 국세청에서 뭔가를 보내다니, 생각만 해도 아찔할 거 같습니다.

증빙과 비용처리는 뗄 수 없는 관계

회사에서 일을 하다 보면 귀에 딱지가 앉도록 듣는 말이 있습니다.

"증빙처리 어떻게 할 건데?"

"증빙 꼭 챙겨."

증빙을 강조하는 이유는 비용처리 때문입니다. 비용처리는 회사 업무를 위해 비용을 썼다는 걸 서류로 처리한다는 뜻입니다.

비용처리의 '비용'은 회사의 영업을 위해 쓴 돈을 의미합니다. 예를 들어 비용에는 제품을 만들기 위한 재료비, 제품을 광고홍보하는 광고비, 회사 사무실 임차료, 직원에게 지급하는 인건비 또는 복리후생비, 사무용품이나 소모품 구입비 등이 있습니다. 회사의 돈은 회사의 영업을 위해 쓰는 돈이므로 개인적 목적으로 사용하면 범죄에 해당합니다.

비용처리를 할 때 정말 돈을 썼는지, 무엇에 쓴 건지 증명하는 것이 바로 증빙입니다. 증빙이 없다면 비용처리를 할 수 없습니다. 증빙이 있어야 비용처리를 할 수 있고, 비용인정을 받아야 나중에 나라로부터 세금을 돌려받을 수 있습니다. 회사에겐 매출만큼 중요한 게 세금입니다. 우리에게 13번째 월급인 연말정산이 중요한 것처럼 말입니다.

그래서 회사의 영업을 위해 돈을 썼다면 영수증을 꼭 챙겨야 합니다. 대표적인 영수증이 세금계산서입니다. 우리는 평소 세금계산서를 볼 일이 전혀 없습니다. 세금계산서와 무관한 거래를 하기 때문입니다. 그러나 직장생활을 하면서는 세금계산서를 보기 싫어도 자주 보게 됩니다. 세금계산서는 쉽게 말해서 회사와 회사가 거래했다는 사실을 보여주는, 일종의 회사용 영수증입니다.

사실 우리는 영수증을 막 대합니다. 카페에서 아메리카노를 한 잔 주문했다고 해보죠. 카드나 현금을 주고 결제하면 점원이 물어봅니다.

"영수증 드릴까요?"

아마 10명 중 9명은 이렇게 대답할 겁니다.

"아뇨, 버려주세요."

이런 분들이 많아 어떤 가게에서는 아예 "영수증 버려드릴까요?"라고 묻습니다. 그런데 우리가 매번 "버려주세요" 하는 이 영수증 속에 비용처리의 중요한 팁이 숨어 있습니다. 이제부터 하찮다고 여겼던 작은 영수증 한 장이 얼마나 중요한지 알아보죠.

직장생활을 시작하면 가장 먼저 만나는 것은 바로 영수증입니다. 영수증의 종류는 다양합니다. 회사 업무를 위해 사용한 교통비 영수증일 수도 있고, 법인카드로 문구용품을 구입한 카드 영수증일 수도 있고, 거래처에서 메일로 보내준 전자세금계산서일 수도 있습니다.

언제, 어디서, 무엇을 구입했고 어떻게 결제를 했는지 영수증은 돈을 사용한 흔적을 낱낱이 보여줍니다. 그래서 영수증을 증빙이라고 부르는 겁니다. '거래를 증명하는 서류'라는 뜻이죠. 범죄 사건이 발생하면 경찰은 제일 먼저 무엇을 확인할까요? 바로 CCTV입니다. CCTV에 범죄 현장의 확실한 증거가 있기 때문입니다. 그래서 CCTV 확보가 최우선순위의 일이 되지요. 증빙 역시 CCTV와 같은 역할을 합니다. CCTV 역할을 하는 증빙에서 직장인의 모든 업무가 시작되는 겁니다.

직장인이 반드시 알아야 할 증빙 '신세계지'

직장인이 반드시 알아야 할 증빙은 '신용카드 매출전표, 세금계산서, 계산서, 지출증빙 현금영수증'입니다. 처음 들으면 좀 어려울 수 있습니다.

'신. 세. 계. 지.'

영화 제목을 떠올리면 기억하기 더 쉽습니다. '신세계지'는 바로 신용카드 매출전표의 '신', 세금계산서의 '세', 계산서의 '계', 지출증빙 현금영수증의 '지'를 의미합니다. 이 4가지 증빙은 비용처리할 수 있는 증빙이라고 해서 적격증빙이라고도 불립니다. 여기서의 적격은 "저 배우가 이 역할에 적격이야"라고 할 때의 그 적격 맞습니다. "비용처리에 적격이야." 그래서 적격증빙입니다. 정규증빙 또는 법적증빙이라고도 합니다.

지출금액이 건당 부가세를 포함해서 3만 원을 초과하면 적격증빙을 꼭 챙겨야 합니다. 부가세 신고에 해당하지 않거나 3만 원 이하라면 적격증빙이 아닌 영수증을 챙겨서 비용을 인정받을 수 있습니다. 예를 들어 청첩장, 부고장, 간이영수증, 계산서가 이에 해당합니다.

회사는 국가에 부가가치세와 법인소득세를 신고하고 납부합니다. 부가가치세와 법인소득세를 제대로 신고하고 납부하기 위해서 적격증빙이 필요합니다. 회사가 부가가치세 신고를 할 때 매입

세액 공제를 받으면 부가가치세를 적게 낼 수 있습니다. 여기서 잠깐, 부가가치세란 상품을 판매한 매출액에서 재료를 구입한 매입액을 뺀 마진의 10%를 과세하는 세금으로 VAT(value added tax)라고도 합니다. 예를 들어 사업자가 상품을 100원에 판매했는데 이 상품을 만들기 위해 들어간 재료비가 50원이라면, 사업자가 내야 하는 부가가치세는 판매액과 재료비의 차액인 50원의 10%인 5원입니다.

우리가 연말정산을 할 때도 소득과 세금을 줄이는 공제항목과 관련해서 서류를 많이 준비합니다. 개인이 연말정산을 통해 세금을 돌려받을 수 있는 것처럼 회사도 비용인정을 받아서 법인소득세를 신고할 때 세금을 적게 낼 수도 있습니다. 연말정산에서 소득을 공제받은 것처럼 말입니다. 증빙을 꼼꼼하게 챙기면 회사의 이익에 큰 기여를 하는 것입니다. 이것이 회사에게 적격증빙이 중요한 이유입니다. 적격증빙은 현금이나 마찬가집니다. 적격증빙을 안 챙긴다는 것은 회사의 현금을 길거리에 흘리고 다니는 것입니다.

이제 적격증빙을 제대로 배워보죠.

카드로 결제하면 신용카드 매출전표

신용카드 매출전표는 신용카드 영수증을 말합니다. 회사의 신용카드, 즉 법인카드로 결제하면 받게 되는 영수증입니다. 신용카드 매출전표를 잘 보면 공급가액과 부가가치세액이 적혀 있습니다. 이 둘을 합친 것이 총액으로, 내가 결제한 금액입니다. 우리가 물품을 구입하는 금액에는 부가가치세가 포함되어 있다는 사실을 기억해야 합니다. 면세를 제외한 모든 증빙에는 공급가액과 부가가치세액이 적혀 있습니다. 공급가액과 부가가치세액이 적혀 있으면 부가세 공제를 받는 영수증입니다.

오프라인에서 결제할 경우엔 종이로 된 신용카드 매출전표를 받으면 되고, 온라인에서 결제를 했다면 매출전표를 직접 챙겨야 합니다. 쇼핑몰에서 회사물품을 구매했다면, 주문내역에서 결제영수증인 신용카드 매출전표를 인쇄하면 됩니다.

지출결의서 또는 전표를 작성할 때에는 신용카드 매출전표를 인쇄해서 증빙으로 첨부합니다. 그런데 법인카드 결제내역이 회계 시스템과 연동되는 경우에는 신용카드 매출전표가 없어도 됩니다. 시스템에 전산데이터로 제공되는 법인카드 결제내역이 증

신용카드 매출전표 NAVER

승인번호	카드종류	카드번호
413980898	삼성	****-****-****-****
유효기간	거래종류	할부
/	신용승인	일시불
결제일자	취소일자	구분
2018-06-17 12:48:35		

상품명
아이스락 은나노항균미니 불타입 1박스(250개)

주문번호	상품주문번호
3947771236	PD20180617932465571

판매자 정보

판매자상호	대표자명
사업자등록번호	판매자전화번호
판매자사업장주소	

가맹점 정보

가맹점명	대표자명
가맹점번호	사업자등록번호
주소	

금액

승인금액	35,500
공급가액	32,273
부가세액	3,227
봉사료	0
합계	35,500

본 영수증은 네이버 주제에서 발행된 것이며, 부가가치세법 제46조에 따른 신용카드 매출전표입니다.

빙 역할을 하기 때문입니다. 이렇게 전산데이터로 증빙을 대체하면 종이증빙이 줄어서 창고가 필요 없고 페이퍼워크 시간이 줄어든다는 장점이 있습니다. 신용카드 매출전표는 자주 보는 것이니 여기까지 설명해도 쉽게 이해가 될 겁니다.

사업자등록번호를 입력해야 열리는 전자세금계산서

머리 아픈 문제는 세금계산서와 계산서에서부터 발생합니다. 세금계산서나 계산서를 처음 받아본 사람은 당황할 수밖에 없습니다. 세금을 나한테 내라고 하는 건지, 이 세금계산서를 어떻게 하라는 건지 가르쳐주는 사람이 없기 때문입니다.

심지어 전자세금계산서 메일을 열어보는 방법도 다릅니다. 전자세금계산서는 메일로 받는 세금계산서로 사업자등록번호를 입력해야만 열립니다. 사업자등록번호는 회사의 주민등록번호라고 생각하시면 됩니다. 통신사에서 보낸 요금청구서를 확인하려면 생년월일을 입력하는 것처럼 회사 앞으로 받은 세금계산서를 열어보려면 사업자등록번호를 입력해야 합니다.

내가 다니는 회사의 사업자등록번호는 외워두는 게 가장 좋습니다. 사업자등록번호를 사용하는 경우가 많기 때문입니다. 또 팀장님이 "우리 회사 사업자번호가 뭐지?" 하고 물어봤을 때 재빠르게 대답할 수도 있습니다. 하지만 우리의 뇌는 이미 용량이 부족하니까 외우기 어렵다면 사업자등록증 스캔 파일을 문서 폴더나

사업자번호 확인

공급받는자의 사업자번호를 입력하세요.

사업자번호

확인　　　취소

바탕화면에 저장해두면 됩니다. 전자세금계산서 메일을 클릭하고, 사업자등록증에 적혀 있는 사업자등록번호를 입력하면 전자세금계산서가 짜잔 하고 열립니다.

업체에서 회사에 전자세금계산서를 발행하는 이유는 둘 사이에 거래가 있었기 때문입니다. 세금계산서에는 '누가, 언제, 무엇을, 어떻게 거래했다'는 내용이 담겨 있어서 추적이 쉽습니다. 전자세금계산서를 받았다면 해당 거래와 관련된 품의나 서류를 보고 거래정보가 일치하는지 확인해야 합니다. 예를 들면 거래업체의 사업자등록증을 꼭 받아서 세금계산서의 사업자정보와 일치하는지 봐야 합니다.

'업체가 발행했으니 맞겠지'라는 생각은 굉장히 위험합니다. 전자세금계산서는 사람이 인터넷을 이용해 세금계산서를 발행하는 것이지 알파고가 정확하게 대신 발행해주는 것이 아닙니다. 알파고도 실수를 하는데 사람이 발행하는 세금계산서에 실수가 없을

제가 좀 숫자에 약해서

수 없습니다.

　많이 실수하는 부분은 대표자 이름 또는 주소, 세금계산서 작성 일자를 잘못 쓰는 것입니다. 심지어 공급가액과 세액이 다른 경우도 있습니다. 실제 거래한 내용과 세금계산서의 내용이 다르면 업체에 전화를 해서 다른 부분을 확인하고, 잘못됐다면 해당 세금계산서는 취소처리하고 다시 발급하도록 해야 합니다.

　간혹 거래명세서와 세금계산서를 헷갈리는 실수도 발생하니 상단에 세금계산서라고 적혀 있는지 반드시 확인해야 합니다. 거래명세서는 세금계산서와 생김새가 똑같아서 증빙으로 거래명세서를 제출하는 경우가 있으니 주의합시다.

세금계산서에서 세액만 쏙 빠진 계산서

　세금계산서와 계산서의 차이는 뭘까요? 세금계산서는 부가가치세 납부를 통해 세금공제 혜택을 받는 사업자인 일반과세자가 발행하는 증빙이고, 계산서는 부가세 납부 의무가 없는 면세사업자가 발행하는 증빙입니다. 면세사업자는 세금계산서를 발행할수 없습니다. 면세사업자는 아무나 되는 게 아니라 국가에서 면세사업으로 지정한 업종의 사업자만 해당됩니다. 예를 들어 교육, 출판, 농수산물 등등입니다. 일반과세자와 거래를 한다면 세금계산서를, 면세업자와 거래를 한다면 계산서를 받아야 합니다.

세금계산서와 계산서는 굉장히 닮았기 때문에 증빙 상단에 명시된 게 세금계산서인지 계산서인지 반드시 확인해야 합니다. 세금계산서에는 공급가액과 세액이 있지만, 계산서에는 공급가액만있으니 그 점을 명심하며 살펴보면 됩니다.

제가 좀 숫자에 약해서

현금을 사용했다면 지출증빙 현금영수증

지출증빙 현금영수증은 말이 어렵지 일반적인 현금영수증과 같습니다. 카페에서 현금을 내면 점원이 "현금영수증 하시겠어요?"라고 묻습니다. 그리고 휴대전화번호 또는 주민번호를 입력하면 현금영수증이 발급됩니다. 이것이 바로 소득공제 현금영수증입니다. 현금영수증을 발급받으면 후에 연말정산시 소득공제를 통해 세금환급을 받을 수 있습니다.

마찬가지로 회사 업무를 위해 현금을 사용했을 경우, "사업자용 현금영수증으로 해주세요"라고 말한 뒤 사업자등록번호를 입력하면 지출증빙 현금영수증을 받을 수 있습니다. 사업자용 현금영수증카드를 이용하면 사업자번호를 입력하지 않아도 쉽게 지출증빙 현금영수증을 받을 수 있습니다. 아직 카드가 없다면 재무팀에 이야기해 홈택스에서 사업자용 현금영수증카드 발급신청을 합시다.

3 숫자, 실전으로 들어가다!

적격증빙은 아니지만 꼭 챙겨야 할 영수증

적격증빙은 아니지만 꼭 챙겨야 하는 것으로 간이영수증이 있습니다. 간이영수증은 건당 3만 원 이하의 경우 비용처리가 가능합니다. 현금을 쓸 때 현금영수증이 발급되지 않는 경우 간이영수증을 받습니다. 공급가액과 부가가치세액이 적혀 있지 않으므로 부가세 신고에는 해당되지 않지만 회사의 비용으로 인정받을 수 있습니다. 단, 접대비 성격의 비용을 간이영수증으로 처리할 경우에는 3만 원이 아니라 건당 1만 원 이하의 금액만 가능합니다.

회사에서는 간이영수증에 해당하는 거래를 삼가는 것이 좋습니다. 악용될 여지가 많기 때문입니다. 예를 들어 접대성 성격의 비용을 지출했지만 가짜로 주변상가에서 간이영수증을 받아 식사비용으로 비용처리하는 경우가 있습니다. 재무팀은 간이영수증을 발견하는 즉시 증빙을 제출한 담당자를 소환해서 비용의 성격을 추궁합니다. 재무팀은 간이영수증을 혐오하고 믿지 않습니다. 개인이면 모르겠지만 회사에서 간이영

제가 좀 숫자에 약해서

수증을 받는 경우는 많지 않으니, 현금을 사용하면 지출증빙용 현금영수증 발급을 요구하고 꼭 챙깁시다.

다음은 지로영수증과 청구서가 있습니다. 인터넷, 휴대전화, 일반전화, 수도, 전기, 가스 등의 사용요금과 임차료 등은 지로영수증이나 청구서로 발급됩니다. 예를 들어 팀에서 통신비가 발생했다면 통신사로부터 지로영수증을 받습니다. 지로영수증도 세금계산서 역할을 하는데, 지로영수증 납부증에 사업자등록번호를 비롯한 세금계산서 정보가 명시되어 있습니다. 따라서 지로영수증을 받으면 필요기재사항이 잘 적혀 있는지 살펴봐야 합니다. 기입란이 비어 있거나 등록번호가 잘못 기입되어 있다면 해당 회사나 기관에 연락해서 정정 및 발급요청을 해야 합니다. 그래야 회사가 세금 신고할 때 공제혜택을 받을 수 있습니다.

축의금 또는 조의금을 내는 경우가 발생하면 청첩장이나 부고장을 꼭 챙깁시다. 그래야 회사의 비용인 접대비로 인정받을 수 있습니다. 거래처 담당자가 결혼을 해서 축의금을 개인 돈으로 미리 냈는데 청첩장을 안 챙기면 나중에 회사 경비로 처리할 수 없습니다. 자기 돈을 써서 회사에 좋은 일만 시키는 겁니다. 모바일 청첩장은 캡처하고 부고장은 장례식장 안내화면을 찍어 제출하면 됩니다.

이렇게 챙긴 증빙들은 5년간 보관해야 합니다. 세무조사가 나왔는데 해당 증빙이 없다면 회사는 거래금의 2%에 해당하는 증빙

불비가산세를 내야 합니다. 기본 세금보다 더 많은 세금을 내게 되는 것입니다. 그런데 요즘은 홈택스 시스템으로 전자세금계산서 또는 전자계산서 내역이 연동되고, 신용카드 매출전표와 지출증빙 현금영수증 내역도 연동되므로 해당 증빙은 보관의무가 없습니다. 간혹 일부러 종이영수증을 고집하는 회사들도 있는데, 이는 실물 영수증을 검토하며 사용내역을 확인하고 싶어 하기 때문입니다. 우리 회사에서 여전히 종이영수증을 고집하고 있다면 슬그머니 홈택스 시스템에 법인카드, 현금영수증 카드 등을 등록할 것을 권유합시다.

회사는 당신의 비용처리에 관심이 많다

마지막으로 비용처리할 때 조심할 점이 있습니다. 바로 '회사와 상관없는 비용을 처리해도 재무팀에서 모르겠지?'라고 생각하는 것입니다. 회사는 여러분이 돈을 어떻게 사용하는지 유심히 살펴보고 있습니다. 요즘 많은 회사에서 법인카드를 직원들에게 줘서 개인이 결제를 하게 합니다. 법인카드를 주는 이유는 마음대로 돈을 쓰라는 것이 아니니 오히려 경계하고 조심해야 합니다. 앞서 말한 것처럼 영수증에는 모든 것이 다 있기 때문입니다. 친구와 커피를 마시고 법인카드로 결제한다거나, 컴퓨터 속도를 높이려고 메모리 카드를 법인카드로 구입하는 등 개인 목적을 위해 회사돈을 사용하면 절대 안 됩니다. 범죄입니다.

명심하십시오. 회사는 비용처리를 어떻게 하는지만 보는 것이
아니라 어떤 비용을 쓰고 있는지, 남과 비교해서 당신이 많이 쓰
지는 않는지 유심히 보고 있다는 사실을.

3 숫자, 실전으로 들어가다!

계정처리만 잘해도
재무팀에게 사랑받는다

저는 현재 대기업 총무팀에서 일하고 있습니다. 총무팀은 회사 자산과 비품을 전반적으로 관리하는 부서입니다. 얼마 전에 전략기획실 복합기가 고장 나서 업체에 A/S를 요청했습니다. 업체에서 기술자가 와서 살펴보고는 이렇게 말했습니다.

"이거 고치는 비용이 새로 사는 것보다 더 많이 나와요. 이참에 새로 사세요."

새로 복합기를 구매하기 위해 복합기 모델과 견적을 받아보고, 기

제가 좀 숫자에 약해서

술자의 의견과 내용을 담은 구매품의보고서를 작성해서 전자결재를 올렸습니다. 다음 날 한창 나른한 오후 3시경 전화벨이 울렸습니다.

"네, 총무팀 윤정용입니다."

송곳 같은 목소리가 수화기를 통해 제 귀를 찔렀습니다.

"정용 씨. 여기 재무팀인데요, 복합기 구매품의를 검토하고 있어요. 그런데 계정처리를 어떻게 할 것인지가 안 쓰여 있네요. 비품으로 자산처리하는 거죠?"

순간 머릿속이 새까매졌습니다.

'계정이라니…. 온라인게임 계정 같은 걸 말하는 건가? 복합기가 내 자산도 아닌데 자산처리를 하라는 말이 또 뭐지?'

한참 고민하다가 대답했습니다.

"팀장님께 여쭤보고 전화드리겠습니다."

"정용 씨, 계정처리도 생각 안 하고 품의 작성한 거예요? 계정처리는 기본이에요, 기본."

"대리님, 죄송합니다. 제가 최선을 다해서 작성은 했는데 부족한 점이 있었나봐요. 바로 확인해서 전화 드려도 될까요?"

"전화 주실 필요 없어요. 이거 그냥 반려하겠습니다."

"저, 저, 저기요. 대, 대리님…."

끊어진 전화기에 대고 애타게 불러봤지만 대답이 없습니다. 품의 서류를 재무팀에서 반려당했으니 이제 곧 반려품의가 팀장님 앞으로 오겠지요. 팀장님이 세상에서 가장 싫어하는 게 바퀴벌레랑 타

3 숫자, 실전으로 들어가다!

팀의 반려품의인데….

"정용 씨. 이거 뭐니? 뭔데 반려받은 거야? 이리 와서 설명 좀 해 봐. 재무팀에서 왜 반려한 거야? 알고 있는 내용이야?"

박지성이 퍼거슨 감독으로부터 당했던 헤어드라이 잔소리를 저도 당하겠죠. 팀장님께 소환당할 생각을 하니 숨이 턱 막힙니다.

'재무팀은 왜 이렇게 까다롭게 구는 걸까? 계정처리가 뭐기에 내가 이렇게 팀장님께 무참히 깨져야 하지?'

저도 재무팀에 배치받고 계정이라는 말을 처음 들었습니다. 그때는 정말 온라인 계정인 줄만 알았습니다. 저처럼 계정이라는 단어 자체가 생소한 분들이 많을 겁니다. 계정처리에 대해서 설명하기 전에 우선 계정이 무엇인지부터 알아봅시다.

계정을 알면 거래의 뜻을 알 수 있다

계정이란 거래를 설명해주는 최소한의 정보단위입니다. 계정은 자산, 부채, 자본, 수익, 비용을 말하는데 각 계정들은 다시 세부 항목으로 상세히 나눕니다. 자산에는 현금, 선급금, 미수금 등 다양한 자산들이, 부채에는 미지급금, 매입채무, 차입금 등 다양한 부채들이 있습니다. 앞에 나왔던 비용처리, 아직 안 잊으셨죠? 비용에는 인건비, 재료비, 교통비, 급여, 세금과 공과 등 다양한 비용들이 있습니다. 이렇게 계정을 상세히 나눈 것을 계정과목이라고 합니다.

계정이 상위, 계정과목이 하위 카테고리라고 생각하면 됩니다. 예를 들면 카페에 가서 커피를 주문하는데 카페라테가 마시고 싶다면 커피가 계정, 카페라테가 계정과목이 되는 것입니다. 하지만 "계정과목은 어떻게 할 거야?"라기보다 "계정처리 어떻게 할 거야?"라고 말하는 경우가 많으니 계정으로 통일합시다.

회사도 가계부를 쓴다

가계부를 쓴다고 생각해봅시다. 한 달 용돈 20만 원을 받아서 교통비 10만 원, 식비 8만 원, 소모품비 2만 원을 썼습니다. 여기서 계정은 무엇일까요? '교통비, 식비, 소모품'입니다. 계정처리란 교통비에 얼마 썼고, 식비를 얼마 썼고, 소모품으로 얼마 썼다고 각 거래에 해당하는 계정별로 사용금액을 정리하는 것입니다.

이렇게 계정별로 정리하는 이유는 용돈을 어디에 얼마나 썼는지 알 필요가 있기 때문입니다. 이번 달 사용내역을 계정별로 정리하면 지난달의 내역과 비교해서 어디에서 더 많이 썼는지 적게 썼는지 알 수 있습니다. 그리고 비교내역을 바탕으로 사용내역을 분석하면 '다음 달엔 식비를 7만 원만 쓰고 1만 원은 저축을 해야지' 하고 재테크 계획을 세울 수 있습니다. 어디에 얼마나 썼는지 정리하지 않으면 '왜 현금이 이것밖에 안 남았지?' 하고 어리둥절

3 숫자, 실전으로 들어가다!

해하며 줄줄 새는 돈을 막을 수 없게 됩니다.

회사에도 가계부가 있는데 바로 재무제표입니다. 회사의 임직원들이 번 수익, 영업에 쓴 비용, 구입한 자산 등이 계정별로 정확하게 정리되어야 정확한 재무제표가 나옵니다. 식비에 쓴 돈을 교통비로 틀리게 입력하거나, 영업과 상관없이 번 돈인데 영업수익으로 틀리게 입력하면 잘못된 재무제표가 만들어집니다.

재무제표가 정확해야 경영자는 올바른 경영판단을 내릴 수 있습니다. 또한 투자자들 역시 정확한 재무제표를 보고 투자 여부를 결정할 수 있습니다. 재무제표를 이용하는 사람들을 보호하기 위해서 회계기준이 있는 것이니 그에 맞게 계정처리를 해야 합니다. 또 회사마다 업종마다 비슷한 계정으로 재무제표를 작성하는데, 이유는 재무제표를 이용하는 사람들이 회사의 재무제표를 보며 비교할 수 있도록 하기 위해서입니다.

그래서 재무팀은 임직원들이 정확하게 계정처리를 할 수 있도록 지출결의서 또는 전표를 냉철하게 검토합니다. 지출품의서의 경우 재무팀은 합의부서로 반드시 결재란에 포함되어 있습니다. 그러므로 지출품의에 정확한 계정처리 내용이 포함되어야 재무팀 결재를 수월하게 받을 수 있습니다. 만약 없다면 반려를 당하거나 담당자는 재무팀으로 소환되어 내용을 일일이 설명해야 합니다.

재무팀에서 근무하던 시절, 저는 연구소의 전표심사를 담당했습니다. 연구소에서는 다양한 연구 프로젝트가 진행되고, 프로젝트별로 경비집행도 많습니다. 그런데 계정처리 등을 정확하게 포함해서 품의와 전표 결재를 올린 담당자는 수월하게 결재를 받지만, 그렇지 못한 담당자는 저와 함께 팀장님 앞에서 절절매며 내용을 설명해야 했습니다. 이상한 품의와 관련된 내용 설명이 끝나면 팀장님은 저를 따로 불러 "너는 내용도 모르고 품의 결재하라고 나한테 던졌니? 그렇게 하면 회사 돈이 막 구멍 나는 거야. 재무팀인 네가 책임지고 알아서 방어해야지" 하며 또 꾸중을 하셨습니다. 이처럼 재무팀은 회사 돈을 지불할 때 자신들이 마지막 마지노선이라고 생각하기 때문에 까다롭게 대응합니다.

정확한 계정처리는 개인, 팀, 회사 모두를 위한 것

'계정처리를 잘하면 나한테 좋은 게 있나? 재무팀만 편하고 좋은 거 아냐? 재무제표 만드는 부서는 재무팀이잖아.'

이런 생각을 할 수도 있습니다. 그런데 주변에서 가계부를 잘 쓰는 사람들을 관찰해봅시다. 가계부를 쓸 때 내가 버는 돈과 쓰는 돈을 항목별로 잘 정리하면 어디서 돈이 줄줄 새지 않는지, 그냥 놀고 있는 돈은 없는지를 알게 됩니다. 가계부를 안 쓰는 사람들은 내가 얼마의 돈을 갖고 있는지도 모르는 경우가 태반입니다.

마찬가지로 팀 또한 가계부와 같은 손익계산서를 만들 수 있습니다. 팀의 손익계산서를 보면 팀에서 발생한 수익과 사용한 비용을 확인할 수 있고, 전월 또는 전년도와 비교해서 계정별 증감내역을 통해 증감의 원인을 분석할 수 있습니다. 정확한 분석을 바탕으로 팀의 실적향상을 위한 전략을 수립할 수 있는 것입니다. 이처럼 정확한 계정처리는 개인, 팀, 회사 모두를 위한 것입니다.

팀에서 자주 사용하는 계정과 중요한 계정을 알아야 한다

팀별 대표계정을 살펴보면 인사팀에는 급여, 복리후생비, 상여금 등이 있고, 총무팀에는 임차료, 세금과공과, 보험료, 수도광열비, 차량유지비 등이 있습니다. 또 홍보팀에는 광고선전비, 영업팀은 판매촉진비, 접대비 등이 있습니다. 전 부서들이 공통적으로 많이 사용하는 계정은 회의비, 사무용품비, 소모품비, 통신비 등입니다.

그걸 어떻게 아냐고요? 회계 시스템이 있다면 팀코드를 입력하고 전표리스트를 엑셀 파일로 출력하면 됩니다. 엑셀 파일은 앞의 엑셀 편에서 배운 피벗테이블로 계정별 합계금액을 구하고 합계금액이 큰 순으로 정렬을 합니다. 큰 금액의 계정들이 우리 필수계정입니다.

회계 시스템이 없으면 팀 경비가 발생할 때마다 지출결의서만 작성해서 경리담당 직원에게 바로 넘기지 말고 엑셀로 일시, 계정, 금액, 내용 순으로 경비내역을 정리한 뒤에 넘깁시다. 그렇게 자료가 쌓이면 월마다 피벗테이블로 계정별 금액을 정리합니다.

그리고 금액이 큰 순으로 정렬을 하면 중요한 계정을 알 수 있습니다. 엑셀로 정리한 파일은 언제든지 열어볼 수 있게 바탕화면이나 자주 사용하는 폴더에 저장하면 좋습니다. 정리하는 게 어렵다면 경리팀에 바로 요청하는 것도 방법입니다.

또 팀에서 월마다 정기적으로 처리하는 비용들이 있습니다. 통신료, 지급수수료, 외주용역비 같은 것들입니다. 계정은 어떻게 처리해야 하는지, 납부기한이 언제이고 금액은 얼마인지 미리 표로 정리해서 모니터 옆에 붙여놓는다면 계정을 잘못 처리하거나 납기일을 깜박 잊는 같은 실수도 방지할 수 있습니다.

재무팀 시절 누구나 꺼려했던 비용전표 입력을 도맡아서 했던 인사팀 직원이 떠오릅니다. 그 직원은 모르는 것은 재무팀에 먼저 물어보며 꼼꼼하게 처리했고, 계정에 대한 부분도 팀 필수계정을 잘 정리하고 공부해서 실수가 거의 없었습니다. 그렇게 시간이 지나자 일 잘한다는 소문이 널리 퍼져서 인정도 받고, 나중에는 상위 관리부서로 발탁되었습니다.

계정처리를 잘하면 누구에게나 인정을 받고, 팀에서 독보적인 존재가 될 수 있으며, 재무팀에게도 사랑받습니다. 직장인이라면 누구나 하게 되는 계정처리, 오늘부터 꼼꼼하게 챙겨보는 것은 어떨까요?

3 숫자, 실전으로 들어가다!

회사가 비용절감을 부르짖는 이유

저는 식음료 매장에서 매니저로 일하고 있습니다. 가뜩이나 불경기인데 폭염주의보까지 내리니 매장을 찾아오는 손님이 부쩍 줄었습니다. 그로 인해 매출 역시 바닥입니다.

"아니, 매니저! 이번 달 실적, 이거 실화야? 어떻게 저번 달보다 더 떨어졌니?"

"불경기고 폭염주의보도 내려서 그런지 고객들이 밖에 나와서 외식하는 걸 꺼려하시는 것 같아요."

제가 좀 숫자에 약해서

"그래? 그럼 저 건너 레스토랑은 왜 잘되는 거야?"

"아, 거긴 지하철과 바로 연결되어 있어서 날씨 영향을 안 받으니까요."

"한마디도 지질 않네, 지질 않아. 일단 손님들이 알아서 찾아오게 이벤트든 뭐든 해야지!"

"네, 죄송합니다."

"그리고 매출도 안 나오는데 사람을 많이 쓸 필요 있나? 지금 10명에서 서너 명은 줄여도 되잖아?"

"직원이 줄어들면 서비스 만족도가 떨어질 겁니다. 기존의 서비스를 제공할 수 없으니까요."

"일을 집중해서 더 잘하면 되지, 그게 무슨 상관이야. 그리고 테이블 회전율 높이게 다 드신 것 같으면 빨리 테이블 정리하고. 손님들이 비싼 주문을 많이 하게 유도해."

"네, 알겠습니다."

"다음에도 실적이 계속 이러면 답 없어. 무슨 말인지 알지? 매니저 바꿀 수도 있다고!"

"네, 알겠습니다. 최선을 다하겠습니다."

점장님과의 대화 이후 영혼이 나갔는지 유체이탈 상태에 빠졌습니다. 점장님은 매출이 안 나오는데 최저임금은 인상됐다며 매니저인 저를 쪼아댔습니다. 그러더니 기어코 매장 아르바이트생을 줄였습니다. 아르바이트생이 줄어드니 기존의 서비스는 제공할 수 없었습

3 숫자, 실전으로 들어가다!

니다. 10명이 하던 일을 7명이 해야 했으니까 말입니다. 그런 사정은 모른 채 본사는 메뉴마저 손대기 시작했습니다. 손님들이 많이 찾는 메뉴는 이익률이 적다고 없앴고, 이익률이 높은 메뉴를 중심으로 리뉴얼을 했습니다.

"어, 제가 좋아하던 메뉴는 어디 갔어요? 그것만 먹었는데."

"네, 손님. 이번에 메뉴를 리뉴얼해 더 맛있는 것들로 준비했습니다. 이 메뉴는 어떠세요? 요즘 최고 인기입니다."

"아, 네…. 오늘은 그냥 갈게요."

이렇게 떠나는 단골손님이 늘었습니다. 게다가 손님이 식사를 다 하신 것 같으면 쫓아내다시피 하며 테이블을 정리해야 했습니다.

"화장실에 다녀왔는데 그릇을 치우면 어떡해요? 얼른 나가라는 거예요? 무슨 이딴 식당이 다 있어!"

"죄송합니다, 손님. 다 드신 줄 알고…. 다시 갖다드리겠습니다."

"됐어요. 이런 식당 다시는 안 와요. 인터넷에 올려야지, 이런 나쁜 식당은."

"죄송합니다, 정말 죄송합니다."

매니저인 저는 '손님을 먼저 생각한다'는 매장관리 철학을 가지고 일을 했습니다. 그러나 회사는 제 철학과는 전혀 다르게 매출압박으로 저를 코너로 몰아세웁니다. 출근할 때마다 머리가 터질 것 같습니다. 직원들을 어떻게 이끌어야 할지 모르겠고…. 머리에 스위치가 있으면 그냥 꺼버리고 싶고 출근하는 버스에서 이대로 지구가

제가 좀 숫자에 약해서

멸망했으면 좋겠다는 생각을 할 정도입니다.

'어떻게 하면 매출을 늘릴 수 있을까? 어떻게 하면 매장 사정이 더 나아질까?'

저는 매일 이 생각만 하고 있습니다.

식음료 매장은 경기에 민감합니다. 저 역시 가게를 운영하면서 왜 민감해질 수밖에 없는지를 깨달았습니다. 경기가 안 좋으면 사람들은 외식비를 가장 먼저 줄입니다. 그뿐 아니라 장사에 영향을 주는 외부 요인은 참 많습니다. 날씨가 더워도 손님은 줄고 추워도 손님은 줍니다. 경기가 좋아지길 바랄 뿐입니다.

이 책을 읽는 독자님이 매장을 담당하는 매니저라면 어떻게 하실 건가요? '내가 매니저라면 어떻게 할 수 있을까?'라고 생각하며 읽어보면 이 내용이 더 도움이 될 겁니다.

비용절감은 가장 쉬운 경영전략

회사는 왜 이렇게 비용절감에 집착하는 걸까요? 이유는 바로 비용절감이 가장 쉬운 경영전략이기 때문입니다.

'수익 − 비용 = 이익'

수익이 번 돈이라면 비용은 벌기 위해 쓴 돈입니다. 번 돈이 쓴 돈보다 많으면 이익, 쓴 돈이 번 돈보다 많으면 손실입니다. 기업의 존재는 남은 돈, 즉 이익에 달려 있습니다. 이익이 난 것을 흑자라고 하는데, 흑자가 계속되어야 회사는 살아남을 수 있습니다.

기업의 존재감을 살리기 위해 이익을 늘리는 방법은 두 가지입니다. 돈을 많이 벌거나 돈을 적게 쓰거나 하는 거죠. 이익을 1000만 원 더 내려면 돈을 1000만 원 더 벌거나 덜 쓰면 됩니다. 그런데 돈을 더 버는 것은 어렵습니다. 이벤트를 하고 마케팅을 한다고 해도 손님이 매장을 찾아올지는 확신할 수 없습니다. 하지만 비용은 다릅니다. 비용의 주도권은 회사에 있기 때문입니다.

이런 비용 주도권을 효과적으로 활용한 사례를 살펴보죠.

세계 1등 자동차 회사는 어디일까요? 벤츠? BMW? 아우디? 바로 일본의 도요타입니다. 도요타는 미국 《포춘》이 선정한 2017년 세계 500대 기업 5위에 이름을 올렸고 2017년에 290조 원의 매출, 1044만 대의 판매량 등 사상 최고치의 실적을 기록했습니다. 그런데 이런 세계 1등 자동차 회사가 매출보다 더 많이, 병적으로 신경 쓰는 것이 비용절감입니다. 비용절감은 도요타의 경쟁력이자 힘입니다.

도요타는 제품기획 단계에서부터 높은 성능과 고품질을 위한 목표비용을 설정합니다. 이를 위해 몇 가지 기준을 세웠습니다. 우선 낭비를 유발하는 장애물을 제거합니다. 아무리 기준을 세워도 실수가 발생하면 낭비입니다. 도요타는 공정에서 불량을 원천적으로 방지하는 다양한 실수 방지 장치를 개발했습니다.

오베야 방식도 흥미로운 전략입니다. 오베야는 '공동으로 사용하는 큰 방'이라는 뜻의 일본어로, 업무와 관련된 모든 사람이 한 공간에 모여 정보를 공유하고 토론하고 과제를 해결하는 방식을 말합니다. 비용을 줄이기 위해 집단지성을 이용하는 것입니다.

도요타는 자사 자동차가 아니라 타사 자동차를 전부 분해해서 제품의 원가를 분석하는가 하면 사내 근무자들이 사용하는 종이컵, 연필, 수건 등 모든 소모품의 비용도 철저히 관리합니다. 연필을 쓴다고 하면 연필의 총길이를 재고 한 달 동안 사용한 연필의 길이를 다시 재서 '가격×사용량'으로 연필 사용분을 계산한다고 합니다.

이처럼 도요타는 이익이 생산 전에 모두 결정되어 있다는 전제 아래 비용을 절감합니다. 도요타의 아키오 사장은 이에 그치지 않고 "100년 만의 대변혁이 일어나는 자동차 산업에서 비용절감 노력을 강화하고 새로운 분야에 대한 투자를 확대해나가겠다"고 밝혔습니다. 작은 가게에서도 이렇게 안 하는데 굴지의 세계기업이 비용관리를 이처럼 엄격히 하고 있다니 소름이 돋을 정도입니다. 가게를 운영 중인 저도 도요타 관련 책을 읽으며 반성을 많이 했습니다.

무리한 비용절감이 불러오는 역효과

앞서 나온 레스토랑은 비용절감이라는 칼을 마구 휘두르는 중입니다. 하지만 매출이 줄었다고 해서 비용절감의 칼을 바로 드는 건 오히려 역효과를 낼 수 있습니다. 과감히 비용절감을 했는데 적자만 누적될 수 있는 것입니다. 무리한 비용절감으로 인해 서비스 만족도와 메뉴 품질이 떨어져 매출이 감소하기 때문입니다.

접객 시스템의 혁신 없이 무작정 매장 직원을 줄인다면 서비스의 질은 떨어집니다. 고객들이 좋아하는 메뉴인데 이익률이 낮다며 없애버리고 이익률이 높은 메뉴만을 추천하면 어떻게 될까요? 재료비를 떨어뜨리기 위해 레시피를 변경하면 음식 맛은 어떻게 될까요? 매장을 방문한 고객들은 그로 인해 실망을 하고 다시는 찾아오지 않을 것이고, 결국 매출이 줄어들게 됩니다. 무리한 비용절감 때문에 오히려 문을 닫는 매장들이 많습니다. 이익을 늘리기 위해 비용절감을 했는데 매출이 같이 줄어든다면 비용절감 효과는 전혀 없는 것입니다. 비용을 1000만 원 줄여도 매출이 1000만 원 줄어들면 그냥 똑같은 0이 되니까요.

고객을 다 놓치고 비용절감을 하면 망하는 수순을 밟는 것입니다. 고객의 관점에서 현장을 바라보고, 불필요한 비용들을 줄이면서 만족도를 높일 수 있는 전략을 짜야 합니다. 예를 들면 새로운 메뉴를 만들 때에도 색다른 재료를 사용하기보다는 현재 사용 중인 재료를 활용하는 것이 현명한 방법입니다. 딸기요거트 메뉴가 있다면 딸기차, 딸기라테, 딸기아이스크림 등 이미 사용 중인 재료 딸기를 활용해서 새로운 메뉴를 만들어보는 것이죠.

재료를 쌓아놓지 마라

식음료 매장에서 사용하지 못하고 버리는 재료로 인한 낭비도 만만치 않습니다. 재료들로 만든 음식들이 팔리면 매출이 발생하지만 팔리지 않으면 모두 죽은 비용이 되지요. 이런 문제를 멋진 아이디어로 해결한 가게가 있습니다.

"뭘 주문할지 고민되면 '아무거나'를 고르세요."

한 식당에서 '아무거나'를 메뉴로 만들었습니다. 손님들이 메뉴를 고를 때 선택의 장애를 겪는 것을 보고 '아무거나' 메뉴를 만들었는데 젊은 고객들 사이에 아주 인기가 높답니다. 그런데 이 메뉴는 가게에도 큰 도움이 됩니다. 가게주인이 선택한 재료로 메뉴를 만들 수 있기 때문입니다. 손님은 쉽게 결정할 수 있고 가게주인은 쓸데없이 버려지는 비용을 재고소진으로 막을 수 있습니다. 매출상승과 비용절감 모두에 도움이 되는 기가 막힌 아이디어입니다.

식당에서는 틈틈이 창고와 냉장고를 청소하고 정리해서 재고가 불필요하게 쌓이지 않도록 살펴야 합니다. 예를 들면 일주일에 사용하는 원두는 100킬로그램인데, 많이 주문해야 할인된다는 이유로 300킬로그램을 주문해놓으면 나머지 200킬로그램은 팔리지 않고 창고에 쌓여 있게 됩니다. 그런데 원두는 시간이 지나면 맛과 향이 떨어집니다. 그런 원두로 만든 커피를 고객들이 마시지 않아 2주 동안 200킬로그램의 원두를 소진하지 못한다면 남은 원두는 결국 다 버려야 합니다. 할인받아 비용을 줄이겠다고 하다가 고객들의 신뢰도 잃고 남은 재료도 다 버리면서 손해를 두 배로 볼 수 있습니다. 가끔 배송료가 아까워서 한꺼번에 많이 주문하는 경우도 있는데 이 역시 손해가 더 커질 수 있으니 잘 계산해야 합니다.

SBS〈백종원의 골목식당〉에서는 가게주인이 없을 때 백종원 씨가 가게 주방을 살펴보는 장면이 나옵니다. 냉장고와 창고에서 온갖 재료들이 다 나오는데, 몇 년 전에 구입한 재료들도 있습니다. 이런 재료들은 빨리 버리고 신선한 재료로 바꿔야 합니다. 썩은 토마토가 신선한 토마토를 썩게 만들기 쉬우니 오래된 재료들은 얼른 버려야 합니다. 또 냉장고 안이 가득 차 있으면 가동능력도 현저하게 떨어져 냉장도 잘 안 되고 고장의 원인이 됩니다. 제때 청소하고 정리하는 것이 중요합니다.

비용도 계획적으로

큰 회사의 경우 9월이나 10월이 되면 경영계획을 세웁니다. 경영계획이란 다음 해의 수익과 비용을 미리 계획하고 추정하는 것입니다. 회사의 전 부서에서 경영계획 자료를 제출하면 관리팀이 취합해서 부서별로 예산과 목표실적을 잡습니다. 그렇게 해서 회사의 내년 손익을 추정할 수 있게 됩니다.

제가 좀 숫자에 약해서

그런데 경영계획의 취지는 수익보다는 비용절감에 맞춰져 있습니다. 올해 1월부터 10월까지의 비용으로 11월, 12월의 비용을 추정할 수 있습니다. 그러면 올해 비용 총계가 나옵니다. 올해 비용 중 불필요한 비용들, 내년에 발생하지 않을 비용 항목들을 꼼꼼하게 따지고 내년 비용을 계획합니다. 이때 기준이 되는 것이 올해 비용이므로 어떤 팀에서는 잡혀 있는 예산을 일부러 다 소진하기도 합니다. 쓴 것이 있어야 내년에도 예산을 배정받을 수 있으니까요. 관리팀은 팀에서 제출한 경영계획을 바탕으로 무리한 예산은 없는지, 새롭게 계획한 비용은 적정한지 등을 검토합니다.

규모가 작은 회사라면 '돈을 버는 것이 중요하지. 비용절감은 나중 일이야' 할 수도 있습니다. 하지만 도요타의 성공은 회사가 작을 때부터 꾸준히 비용을 절감해왔기에 가능한 것이었습니다. 성공을 거둔 뒤 비용절감을 시행한 게 아니라는 뜻입니다.

비용절감의 해답은 우리가 일하는 곳에 있다

일본에는 유토피아 경영으로 유명한 미라이공업이라는 전기 회사가 있습니다. 규모는 중소기업이지만 전기부품 분야에서 대기업을 뛰어넘어 1위를 달리는 업체지요. 이 회사를 보면 이익을 내기 위해 경영활동을 하는 것이 맞나 싶을 정도로 기본적인 경영상식을 파괴하고 있습니다. 미라이공업은 정리해고가 당연했던 불황기에 오히려 직원 수를 늘렸습니다. 또 직원의 행복도가 떨어지면 회사에 손해가 되기 때문에 직원을 위한 복리후생에 많은 투자를 합니다. 노동시간은 7시간이고 야근 잔업이 없습니다. 일하는 7시간에는 미친 듯이 일할 수 있도록 업무 환경을 만들어주고, 일이 쌓인 사람이 있으면 주변의 동료들이 도와줍니다.

단, 낮에는 복도에 불을 켜지 않으며 복사기도 한 대뿐이고 한여름에도 에어컨의 설정 온도는 27도를 넘을 수 없습니다. 사장실도 마찬가지여서 사장은 메리야스 바람으로 일을 합니다. 식권도 인쇄비가 아까워서 발행하지 않습니다. 이면지를 메모지로 사용하고 서류봉투는 50번 재활용합니다. 이렇게 아낀 비용은 직원을 위한 복리후생에 사용됩니다. 당연히 직원들은 최선을 다해 비용을 아끼려 하지 않을까요?

내부고객인 직원들의 만족을 놓치지 않으면서 쓸데없는 비용을 줄이고, 직원들이 최선을 다해 일할 수 있는 근무환경과 복리후생을 만든 미라이공업의 이야기는 의미심장하다 할 수 있습니다.

모두가 만족하는 비용절감을 위해

우리가 스스로 비용절감의 해답을 찾지 못하면 현장에서 일하지 않는, 현장을 모르는 관리팀이 비용절감 방법을 좌지우지할 수 있습니다. 식음료 매장의 매니저라면 고객만족을 놓치지 않으면서 비용을 절감할 수 있는 방안을 일하는 직원들과 함께 논의하고 강구해야 합니다. 그리고 내부에서 불필요한 비용이 있는 건 아닌지 서빙, 조리, 관리 프로세스를 점검함과 더불어 잠자고 있는 재고는 없는지 살펴보며 재고관리도 꼭 해야 합니다.

직원들과의 논의에서 매출을 증대할 수 있는 방안까지 함께 나온다면 회사에 제안할 수 있을 것입니다. 회사가 바꿔주길 기다리기보다 현장에서 이렇게 바꾸는 것이 좋다고 적극적으로 제안해야 긍정적인 변화가 생깁니다.

피터 드러커는 이렇게 말했습니다.

"사업을 하는 목적은 고객을 창조하는 것이다."

비용절감은 고객만족에서 벗어나면 절망이 되지만, 고객도 만족하는 비용절감은 새로운 희망을 만듭니다.

팀장님을 내 편으로 만드는
숫자보고 테크닉

"정용 씨, 겨울맞이 고객감사 이벤트 한번 진행해보죠?"

팀장님께서 갑자기 던진 말에 깜짝 놀랐습니다.

"네??"

"2년 차 됐으니까 혼자 할 수 있잖아요?"

"아… 네. 한번 해보겠습니다."

"해보겠다가 아니라 잘해야지. 결과로 보여줘요. 내일 오후 2시까지 가능하죠?"

"네!"

떨리긴 했지만 그동안 경험을 바탕으로 열심히 기획했습니다. 지금까지 한 번도 해본 적 없는 이벤트를 진행하고 싶었고 또 잘하고 싶었습니다. 마침내 품의서를 작성해서 팀장님께 드렸습니다.

"팀장님, 지난번에 말씀하신 고객감사 이벤트 건입니다."

"자리에 놓고 가요. 표정 보니 자신 있나보네?"

"네, 자신 있습니다."

이렇게 열심히 했으니 무난히 통과될 거라 생각했습니다. 휴게실에서 커피 한 잔을 하려는데 메신저로 팀장님께서 팀장님 자리로 오라는 쪽지를 보내셨습니다.

"팀장님, 찾으셨습니까?"

"응, 정용 씨. 이리 와봐요. 왜 하필 감사 이벤트를 금요일에 하죠?"

"그야 불금이니까…."

"이유를 모르나요? 그리고 왜 다른 부서사람까지 지원을 나가야 하죠?"

"감사 이벤트 진행으로 고객들이 몰리면 지금 인원으로는 대처하기 어려울 것 같아서…."

"왜 대처하기 어렵습니까?"

"그야… 인원이 적어서…."

"왜 인원이 적다고 생각하죠?"

"그게…."

3 숫자, 실전으로 들어가다!

팀장님의 조용조용 묻는 목소리에 제 목소리는 점점 더 작아졌습니다. "내용도 제대로 모르고 품의를 올리면 되나요? 다시 파악해서 올려요."

"네, 알겠습니다."

팀장님께서 목소리를 전혀 높이지 않고 조용히 묻는 게 더 무섭다는 생각을 하며 제자리로 돌아왔습니다. 제가 보기에 품의서는 완벽한데…. 대체 뭐가 문제일까요?

직장에는 두 부류의 사람이 있습니다. 보고하는 사람과 보고받는 사람. 여러분은 보고하는 사람입니까, 아니면 보고받는 사람입니까? "보고를 잘하는 사람은 성과를 남긴다"는 말이 있습니다. 그렇다면 어떻게 보고하는 것이 잘하는 것일까요?

서점에 나가서 보면 보고법과 관련된 수많은 책들을 볼 수 있습니다. 도식을 잘 그려야 한다, 한 가지 메시지에 집중해야 한다, 원페이퍼로 핵심만 축약해서 보고해야 한다 등 저자마다 주장하는 것도 다 다르지요. 보고 잘하는 법 외우느라 보고할 내용을 까먹을 지경입니다.

청와대 비서실의 보고서 작성 노하우

국내 최고의 보고서를 꼽으라면 아마 청와대 비서실에서 작성하는 보고서일 겁니다. 청와대 비서실은 대통령이 결정을 내릴 수 있도록 돕는 보고서를 수시로 작성합니다. 다음은 청와대 비서실에서 공개한 보고서 작성 과정입니다.

1) 보고의 목표를 정하고 보고서를 구상한다.
2) 자료를 수집하고 분석한다.
3) 보고서를 작성한다.
4) 보고하고 후속조치를 취한다.

우리도 이 과정을 따라 보고서를 작성하면 됩니다. 특히 보고의 목표가 무엇인지 정확하게 인지하고 있어야 올바른 보고서가 나옵니다. 이렇게 작성한 보고서에 대해서는 7가지 사항을 점검해야 합니다.

1) 두 번 읽지 않아도 이해할 수 있는가?
2) 설득력이 있는가?
3) 결론이 분명하게 제시되어 있는가?
4) 구성에 짜임새가 있는가?
5) 수치가 정확한가?
6) 오탈자, 맞춤법, 구두점 등을 확인했는가?
7) 보고서 모양이 깔끔하게 정리되었는가?

3 숫자, 실전으로 들어가다!

청와대 비서실은 아니더라도 보고서를 작성할 때 큰 도움이 될 만한 것이 있습니다. 바로 선배들이 쓴 보고서입니다. 선배들의 보고서를 앞서 말한 점검사항과 비교해가며 읽어보고 베껴보면 팀장님을 설득하는 보고서 노하우를 배울 수 있을 겁니다. 고객감사 이벤트 보고서도 기존에 선배들이 작성한 보고서를 참고해서 작성한다면 큰 도움이 되겠죠?

숫자가 빠진 보고서는 보고서가 아니다

청와대 비서실의 보고서 점검사항 중에서 제 눈에는 '5) 수치가 정확한가?'가 가장 잘 들어오더군요. 수치의 정확성이 중요한 이유는 무엇일까요?

숫자는 정확한 사실을 전달합니다. 우리 회사 A지점의 매출이 감소하는 이유를 말로 그럴 듯하게 포장할 수는 있어도, A지점의 전월 대비 매출액에 해당하는 숫자는 현실 그대로를 보여줍니다. 내용을 아무리 좋게 써도 수치가 보여주는 것이 다르다면 상사는 보고서에 대한 의심을 하게 됩니다.

상사가 만약 여러분의 보고서를 보고 "구체적으로 무슨 말을 하고 싶은 거야?"라고 묻는다면 그건 보고서에 내용을 뒷받침하는 명확한 데이터, 즉 수치자료가 없기 때문입니다. 내 의견을 뒷받침해줄 수치자료를 그래프나 표를 이용해 시각화한다면 메시지를 더 효율적으로 전달할 수 있습니다.

숫자가 빠진 보고서는 보고서가 아닙니다. 그래서 우리는 먼저 보고서에 내가 말하고자 하는 내용을 뒷받침하는 숫자가 있는지 없는지 '보고서를 보고서 보고해야' 합니다.

수치자료를 시각화하라

아무리 숫자가 정확해도 눈에 보이지 않으면 아무 소용이 없습니다. 보고서에 숫자를 담을 때는 시각화 작업을 통해 명확히 눈에 띄도록 해야 합니다. 그래프를 활용해서 수치자료를 보여줍시다.

그래프는 선, 원, 막대로 나뉩니다. 선 그래프는 시간의 흐름에 따라 회사의 매출액, 비용, 이익 등이 늘어나고 줄어드는 것을 보여주기 좋습니다. 원 그래프는 회사의 매출액을 상품 매출액, 서비스 매출액, 수수료 매출액 등 항목별로 나눌 때 좋습니다. 막대 그래프는 비교할 때 좋은데, 예를 들어 우리 회사와 경쟁사의 매출액이나 시장점유율을 비교할 때 사용합니다. 엑셀에서는 선, 원, 막대 그래프를 2D나 3D로 보여줄 수 있고, 각각 다양한 그래프 모양을 선택할 수 있습니다.

숫자를 구체적으로 표현하라

일주일 중 재방문율이 가장 높은 요일에 이벤트를 계획 중이라는 보고를 한다고 가정해봅시다.

"금요일에 재방문하는 고객들이 꽤 많습니다. 금요일에 단골이 벤트를 하는 건 어떨까요?"

이렇게 보고하면 될까요? 안 됩니다. 요일별 고객 재방문율 데이터를 정리해서 그래프로 표시한 보고서로 보고해야 합니다.

"금요일 재방문율은 45%로 일주일 중 재방문 비율이 가장 높습니다. 금요일에 단골이벤트를 실시하면 20%의 매출증대가 기대됩니다. 20% 매출 증감률은 전달에 실시한 단골이벤트 매출 증감률입니다. 단골이벤트 내용은 ○○제품 구매 시 하나를 더 증정하는 1+1 이벤트입니다."

이렇게 해야 원인과 제안, 결과 예상치까지 3박자가 딱딱 맞는 보고가 됩니다.

왜 이런 방식으로 보고를 해야 할까요? 상사는 보고서만 가지고 결정을 내려야 하기 때문입니다. 보고를 받는 상사의 머릿속에서는 아마 이런 논리회로가 작동할 것입니다.

'금요일이 가장 재방문율이 높으니 단골이벤트를 실시하면 매출을 20% 증가시킬 수 있겠군. 단골 대상 이벤트니 고객 충성도도 높일 수 있겠고.'

보고에서 중요한 것은 구체적인 숫자 표현으로 궁금증을 남기지 않는 겁니다. 궁금한 게 없어지면 설득되기도 쉽습니다. 구체적인 숫자로 팀장님의 마음을 훔쳐봅시다.

다른 숫자와 비교해서 보고하라

제 키는 185센티미터입니다. 그럼 제 키는 큰 걸까요, 작은 걸까요? 아마 크다고 생각하는 분들이 많을 겁니다. 하지만 제가 207센티미터인 서장훈 씨 옆에 서 있다고 해도 그럴까요? '크다, 작다, 많다, 적다'라는 표현을 쓸 때는 반드시 비교 기준이 있어야 합니다.

예를 들어 회사의 재무상태와 실적을 담은, 회계정보의 국가대표라 불리는 재무제표는 반드시 숫자를 비교해서 작성해야 합니다. 올해 수치는 왼편에, 작년 수치는 오른편에 나열하는 식으로 비교해 무슨 숫자가 얼마나 증가했는지, 재무상태는 좋아졌는지 나빠졌는지 알 수 있게 만들어야 하는 것이죠.

팀장님께 올해 매출액을 보고한다고 해봅시다.

"올해 200억 원 매출액을 달성했습니다."

"그래서 좋아진 거야, 나빠진 거야?"

이렇게 한 소리 듣기 딱 좋습니다. 연도별로 매출액을 표로 정리해서 올해 매출액은 왼편에, 전년도와 전전년도 매출액은 오른편에 표시한 보고서로 팀장님께 보고한다면 어떨까요?

"올해 전년 대비 40억 원이 증가한 200억 원 매출액을 달성했습니다."

"아, 작년보다 40억 원이 늘었군. 좋아졌네. 다들 고생했어!"

반응이 확연하게 달라질 것입니다.

"금요일 재방문율은 다른 요일의 평균 재방문율 대비 10%가 높은 45%입니다."

이렇게 보고를 한다면 앞서 말한 금요일 재방문율의 중요성이 더욱 강조됩니다. 반대로 재방문율이 가장 낮은 요일에 대해서도 재방문율을 높이는 이벤트를 하자고 제안할 수도 있겠지요.

붕어빵에 팥이 빠지면 붕어빵이 아니듯 보고서에 숫자가 빠지면 보고서가 아닙니다. 보고서에 숫자를 넣어 팀장님을 내 편으로 만들어봅시다!

기획서에는 수치자료가 필수

저는 신사업기획팀에서 근무하고 있습니다. 미래 먹거리를 찾아 무에서 유를 창출하는 팀이지요. 하지만 말이 좋아 신사업이지 사실 뭘 해야 할지 모르는 팀이라고 할 수 있습니다. 직접 땅 파서 먹거리를 길러야 하는 팀이라고나 할까요?

특히 팀장님의 고민이 많습니다. 사장님의 기대감은 하늘을 찌르는데 도대체 뭘 해야 좋을지는 팀장님도 팀원들도 모르고 있기 때문입니다.

며칠 전이었습니다. 퇴근시간이 되었기에 책상을 정리하고 포복자세로 슬그머니 퇴근하려던 중이었습니다.

"어이쿠, 내 볼펜."

그런데 볼펜을 주우려던 팀장님과 눈이 딱 마주치고 말았습니다.

"엇. 정용 씨, 오늘 약속 있어?"

아니, 퇴근시간은 이미 지났는데 약속이 있든 없든 무슨 상관일까요? "집에서 야구중계를 보기로 스스로와 약속했습니다"라고 말하고 싶었지만, 장화 신은 고양이처럼 간절한 팀장님의 눈빛에 그만 이렇게 대답하고 말았습니다.

"아니요. 오래 앉아 있었더니 허리가 좀 뻐근해서요. 운동 중이었습니다."

제가 약속이 없다는 걸 확인한 팀장님이 본론을 꺼냈습니다.

"그럼… 정용 씨가 하반기에 진행할 신사업 기획서 써보지 않을래? 입사한 지 얼마 안 됐으니 새로운 시각으로 볼 수 있을 거야. 지금 우리 팀에게 필요한 건 크레에이티브한 뉴 아이디어야. 어때? 쓸 수 있지?"

갑자기 눈앞이 캄캄해지고 정신이 아득해졌습니다. 평소 빈혈은 없었는데 무릎이 휘청거립니다. 그런데 제 머릿속에 있던 또 다른 제가 훅 튀어나왔습니다.

"네, 팀장님. 저만 믿으세요!"

"역시 정용 씨, 패기가 넘쳐! 멋져! 크레에이티브한 뉴 아이디어 기

제가 좀 숫자에 약해서

대할게! 그럼 나 먼저 간다."

팀장님은 제 간절한 눈빛은 보지 못한 듯 바람처럼 사라지셨습니다. 입사한 지 이제 한 달. 기획서는 지금까지 한 번도 써본 적이 없습니다. 다시 컴퓨터를 켜고 앉아 있으니 눈앞의 하얀 화면처럼 머릿속도 하얘지네요. 기획서를 쓰려면 뭐부터 해야 할까요?

신사업 기획팀에서 일하던 동료는 자신의 팀을 이렇게 평가했습니다.

"이곳은 무에서 유를 창출하는 곳이야. 한마디로 개고생하는 거지."

게다가 사장님의 기대까지 온몸에 받으니 얼마나 부담스러울지 상상만 해도 숨이 턱 막힙니다. 신사업 기획서를 쓴다는 건 정말 어려운 일입니다. 뭐부터 시작해야 할지 몰라 난감하죠. 그래서 기획서를 쓰라고 하면 다들 제일 먼저 이렇게 행동합니다.

일단 컴퓨터 앞에 앉습니다.

한글 또는 워드 프로그램의 아이콘을 클릭합니다.

그리고 흰 화면 위에 깜박이는 커서를 한없이 바라봅니다.

뭔가를 썼다가 지우고 썼다가 지우기를 반복합니다.

그러다가 '왜 이렇게 안 써지지?' 하며 스스로에게 화를 내고 자신이 참 하찮은 거 같다고 생각하며 땅굴을 파고 맙니다.

이것이 대다수가 빠지는 기획의 늪입니다. 이럴 때일수록 기초부터 다져야 합니다.

자료의 수집과 정리는 80, 기획서 작성은 20

링컨 대통령은 이런 이야기를 했습니다.

"내게 나무를 벨 시간이 8시간 생긴다면 6시간은 도끼날을 갈겠다."

대부분은 도끼로 나무를 찍는 데 6시간 이상을 사용할 텐데 링컨 대통령은 반대라는 겁니다. 기획서 작성도 마찬가집니다. 기획서를 작성하는 데 쓰는 시간은 20%고, 기획서 작성에 필요한 자료를 수집하고 정리하는 데 80%를 써야 합니다.

자, 그럼 자료를 어떻게 수집할까요? 일단 인터넷을 켤까요? 아닙니다. 그 전에 먼저 해야 할 것이 있습니다. 바로 문제를 발견하는 것입니다. 그런데 문제를 발견하기 위해서는 문제의식을 가지고 현상을 바라봐야 합니다.

한 청년이 있습니다. 그는 버스를 타려고 정류장의 노선표를 살펴봅니다. 그런데 노선표를 봐도 이 버스를 타야 하는지 잘 모르겠습니다. 운행방향 표시가 없어서 이게 자신이 원하는 곳으로 가는 버스가 맞는지 확신할 수 없습니다. 자칫하면 반대로 갈 수도 있습니다. 그래서 이 청년은 버스가 어느 방향으로 가는지 직접 표시해주기로 합니다. 문구점에서 빨간 화살표 스티커를 구입해

제가 좀 숫자에 약해서

버스정류장 노선표에 붙이기 시작했습니다. 그의 작은 행동에 많은 사람들이 공감했고, 이것은 캠페인으로 발전했습니다. 화살표 청년으로 불리는 이민호 씨. 그의 작은 행동 덕분에 이제 버스 정류장의 노선표마다 빨간 화살표가 붙어 있게 되었습니다. 그가 문제를 발견하고 시작한 작은 행동이 사회를 변화시킨 것입니다.

문제를 발견해 사회를 변화시킨 또 다른 사례가 있습니다.

호주 멜버른에서는 안전사고와 지하철 사고로 사망하는 청년수가 매년 증가했습니다. 지하철공사는 시민들이 안전 캠페인에 대해 전혀 관심이 없는 것이 문제임을 발견했습니다. 그래서 안전에

3 숫자, 실전으로 들어가다!

관심을 갖게 만들기 위해서 '멍청하게 죽는 방법(Dumb ways to die)' 이라는, 시민들이 흥미를 가질 만한 새로운 캠페인을 시작했습니다.

친근하고 중독성 있는 캠페인송을 만들고 귀여운 애니메이션 캐릭터를 이용해 메시지를 전달했습니다. 캠페인송 후반부에는 "지하철 안전수칙을 안 지켜서 죽는 일이 가장 멍청한 짓!"이라는 지하철공사의 메시지가 나옵니다. 이 동영상은 조회수만 1억을 넘었고, 28개국의 인기차트에 이름을 올리고 칸 국제 광고제 5개 부문에서 수상을 했습니다. 가장 중요한 건 캠페인 광고 이후 실제 사고 발생률이 21%나 감소했다는 사실입니다.

마찬가지로 신사업 기획서를 작성하기 위해서는 먼저 문제를 발견해야 합니다. 우리 회사에서 중요하게 여기는 것은 무엇인지, 회사와 관련된 일 중에 부족한 것이나 바꿔야 할 것은 없는지부터 차근차근 살펴보면 됩니다. 관심을 가지고 살펴보면 무슨 문제가 있는지가 보일 것입니다.

인사이트 가득한 자료 찾기

이제 문제를 발견했으면 해결책과 관련된 아이템을 선정해봅시다. 그런데 사업 아이템 선정에는 문제의 발견만큼 현재 소비트렌드 또는 시장에 대한 이해가 필수입니다.

트렌드를 정리해주는 트렌드연구소

이럴 때는 카드사 최초로 빅데이터 센터를 떼어내 트렌드연구소를 만든 신한카드 트렌드연구소의 자료가 무척 유용합니다. 이 자료는 신한카드 블로그나 유튜브에 올라와 있습니다. 예를 들어 '은퇴 전과 후의 소비 주요 특징 비교', '디지털 시대의 역설, 아날로그/복고의 확산' 같은 자료를 깔끔한 정리된 의견과 함께 볼 수 있습니다.

대표적인 설문조사업체인 닐슨코리아나 갤럽에서는 다양한 산업군의 분석 자료를 제공합니다. 다만 유료 자료도 많으니 참고합시다.

만약 해외시장에 관심이 있다면 바로 코트라 사이트 방문을 추

3 숫자, 실전으로 들어가다!

천합니다. 윤태호 작가의 《미생》에도 코트라가 자주 등장합니다. 사원 장그래는 코트라 사이트를 통해 해외시장을 조사하고, 궁금하고 보완할 자료에 대해서는 코트라 본사를 직접 찾아가 도움을 받습니다. 코트라 사이트에 들어가면 해외시장 뉴스를 실시간으로 확인하고 국가별 시장동향을 파악할 수 있습니다.

온라인 시장에 관심 있다면 DMC 리포트 사이트를 추천합니다. 온라인과 디지털마케팅에 대한 자료가 많은 곳으로, 온라인 아이템과 관련된 다양한 영감을 얻을 수 있습니다.

문제를 발견하고 자료를 바탕으로 아이템을 선정했다면 이제부터는 가장 중요한 '구체적인 수치자료'를 찾아야 합니다. 문제의 발견이 기획서의 방향을 제시한다면 구체적인 수치자료는 기획서의 설득력을 높이는 역할을 합니다. 통계나 여론조사 결과는 객관성을 띤 자료이기 때문입니다.

예를 들어보죠. '피부미용에 신경 쓰는 남성들이 많아지고 있다'라고 설명할 때, 연도별 남성의 화장품 직접 구매 비율 증감을 숫자로 보여준다면 신뢰를 바탕으로 논리를 전개할 수 있습니다. 이제 필요한 건 논리를 체계적으로 뒷받침할 수 있는 구체적인 수치자료입니다. 그렇다면 이런 자료는 어디에서 찾아야 할까요?

어디에서도 볼 수 없는 중요한 수치자료는 다트에서 찾자

여러분이 생각하는 아이템과 이미 비슷한 사업을 하고 있는 회

사가 있다면, 그와 관련된 자료는 전자공시시스템에서 찾아볼 수 있습니다.

주식시장에 상장한 회사는 매년 금융감독원에 사업보고서를 제출합니다. 그러면 금융감독원은 그 내용을 전자공시시스템, 일명 다트(DART: Data Analysis, Retrieval and Transfer System)에 공시합니다. 누구나 다트를 방문하면 정기공시한 사업보고서를 찾아볼 수 있습니다. 사업보고서에서 훌륭한 수치자료를 뽑아낼 수 있는 것은 바로 '사업의 내용'입니다. 사업보고서에서 사업의 내용을 정독하

3 숫자, 실전으로 들어가다!

면 회사의 사업부문부터 특정 사업의 시장점유율과 상품, 전망 등 어디에서도 볼 수 없는 중요한 수치자료를 찾을 수 있습니다.

예를 들어 화장품 사업을 신사업으로 기획했다면 국내 굴지의 화장품 회사 아모레퍼시픽의 사업보고서를 찾아봐야 합니다. 아모레퍼시픽의 사업보고서에는 그들이 바라본 국내의 화장품 산업과 화장품 시장의 전망, 공들여 분석한 시장점유율, 화장품 원재료나 제품의 가격 등을 공짜로 구할 수 있습니다. 이 수치를 활용하면 신사업 기획서의 재무계획 작성에 큰 도움이 될 겁니다.

또 국가통계포털은 문제점을 제시할 때 근거로 들 수 있는 유용한 수치자료를 제공합니다. 통계청의 자료이므로 방대할 뿐만 아니라 정확성도 높습니다.

KDI 국책연구원에서 제공하는 KDI포커스는 시대 현안을 읽을 수 있는 전문가의 보고서를 제공합니다.

다 차려놓은 밥상 보고서, 기업 경제연구소

마지막으로 삼성경제연구소와 LG경제연구원, KT경제경영연구소도 경영, 시장, 트렌드 등 다양한 분야에 대한 자료를 제공합니다. 저도 경제연구소 자료에서 많은 도움을 받았습니다.

재무팀에서 근무할 때 신제품 기획에도 관심이 많아 신제품 기획서를 작성해서 신사업 기획팀에 제출했습니다. 제가 발견한 문제는 어린이들이 범죄에 취약하게 노출되어 있다는 점이었습니

다. 그래서 어린이 모바일 보안상품을 기획했습니다. 2011년 당시는 어린이를 위한 모바일 보안상품이 없었을 때였습니다.

먼저 각 기업 경제연구소에서 트렌드 및 보안상품이나 시큐리티를 검색해보며 자료를 수집했습니다. 그리고 회사의 이름을 딴 ○○키즈라는 상품을 기획해서 1페이지짜리 기획서를 작성했습니다. ○○키즈는 목걸이 형태의 제품으로 위기상황에 버튼을 누르면 보안요원에게 비상상황과 아이의 GPS가 동시에 전달되는 상품입니다. 버튼을 누른 후부터 음성이 실시간으로 녹음되어 부모님의 음성메시지함에 저장됩니다. 비록 신상품으로 만들어지지는 않았지만 각종 경제연구소 자료를 찾아보며 재밌게 기획서를 작성할 수 있었습니다. 3년 후 어린이 모바일 보안상품이 봇물처

3 숫자, 실전으로 들어가다!

럼 쏟아지는 걸 보고 그때 그 기획이 상품화되었으면 어땠을까 하는 아쉬움이 남았습니다.

경제연구소들의 자료가 훌륭한 이유는 그 속에서 자신의 관심 분야에 대해 이미 시장점유율부터 성장, 예상손익 등을 다 분석해 놓은 밥상도 가끔 찾을 수 있기 때문입니다.

기획서 작성이 두려운 이유는 경험해보지 않아서입니다. 하나하나 경험하다보면 두려움은 사라질 겁니다. 마치 이 책을 읽고 있는 동안 숫자에 대한 여러분의 두려움이 사라지고 있는 것처럼요.

Tip 유용한 사이트 목록

신한카드 트렌드연구소 http://www.shinhancardblog.com

삼성경제연구소 http://www.seri.org/_index_.html

LG경제연구소 http://www.lgeri.com/index.do

KT경제연구소 http://www.digieco.co.kr/KTFront/index.action

닐슨코리아 인사이트 http://www.nielsen.com/kr/ko/insights. html?pageNum=1

갤럽리포트 http://www.gallup.co.kr/gallupdb/report.asp

전자공시시스템 http://dart.fss.or.kr

DMC리포트 http://www.dmcreport.co.kr

코트라 http://www.kotra.or.kr/kh/main/KHMIUI010M.html

KDI포커스 http://www.kdi.re.kr/research/kdi_focus.jsp

제가 좀 숫자에 약해서

스티브 잡스처럼
숫자로 프레젠테이션하기

신사업기획팀에서 근무하는 사원 윤정용입니다. 팀장님께서 벼락처럼 저에게 패스한 신사업 기획서를 겨우 완성했습니다. 그리고 팀장님께 보고했습니다. 기획서를 보던 팀장님은 신세계를 발견한 듯 얼굴에 미소가 번졌습니다.

"이거 정말 자네가 쓴 거야?"

"네. 밤새 썼습니다, 팀장님."

"역시 나의 추측이 옳았군. 뉴 크리에이티브 아이디어!"

"네?"

"뉴 크리에이티브 아이디어가 듬뿍 담긴 기획서야. 수치자료까지 퍼펙트하군."

"앗. 과찬이십니다."

만족한 팀장님은 자신에 찬 발걸음으로 사장실로 들어가셨습니다. 여기까지는 참 좋았지만 새옹지마가 다른 데 있는 게 아니었습니다. 칭찬을 받은 호재는 팀장이 사장실에서 나온 후 바로 악재로 변했습니다.

팀장님은 사장실에서 나오자마자 상기된 표정으로 저를 부르셨습니다.

"정용 씨. 사장님께서 기획서를 마음에 들어하시네. 뉴 크리에이티브 아이디어를 극찬하시더군. 이거 정말 자네가 쓴 거지?"

"네네. 맞습니다. 다행이네요."

"오케이. 좋아. 이 내용으로 프레젠테이션을 준비해야겠어."

"네? 설마요!"라고 말할 뻔했다가 간신히 혀의 브레이크를 밟았습니다.

"이틀이면 충분하지?"

머릿속으로는 불가능하다고 생각하고 있었는데 제 안의 또 다른 제가 대신 답했습니다.

"네. 알겠습니다. 걱정 마세요, 팀장님."

"역시. 패션이 넘치는군. 열정적이야, 우리 정용 사원. 유 아 더 베

제가 좀 숫자에 약해서

스트! 치어럽!"

아, 기획서 작성도 힘들었는데 프레젠테이션이라니. 프레젠테이션을 해본 건 대학에서 과제 발표했을 때뿐인데요. 오늘도 밤샘 예약인가요.

요즘은 프레젠테이션 시대입니다. 면접을 볼 때도 프레젠테이션 면접이 따로 있을 정도입니다. 프레젠테이션을 준비하라고 하면 제일 먼저 무슨 생각이 드나요? 아마 두렵다는 생각이 가장 먼저 떠오를 겁니다.

《톰 소여의 모험》으로 유명한 미국 소설가 마크 트웨인은 이런 말을 했습니다.

"발표하는 사람은 두 부류로 나뉜다. 두려운 사람과 두렵지 않다고 거짓말하는 사람."

정말 공감되는 말입니다. 발표하라고 하면 심장이 먼저 반응을 합니다. 저는 강사가 업인데도 모임에 가서 자기소개할 때가 가장 떨립니다. 또 질문을 할 때도 벌벌 떨면서 묻습니다. 그런데 이런 제가 사람들 앞에서 강의를 한다니 얼마나 떨리겠습니까. 강의 때마다 두근두근 뛰는 심장 소리가 제 귀에도 들릴 정도입니다. 그날의 강의는 아직 시작하지도 않았는데 말입니다. 여러분 역시 저와 비슷하리라 생각합니다. 특히 사장님 앞에서의 프레젠테이션이라니, 생각만 해도 눈앞이 캄캄해지는 기분입니다.

3 숫자, 실전으로 들어가다!

성공하는 프레젠테이션 3가지 원칙

사장님의 마음을 사로잡기 위해서는 프레젠테이션에 3가지 요소를 포함해야 합니다. 바로 간결함, 친숙함, 스토리텔링입니다. 그럼 이 3가지를 바탕으로 프레젠테이션을 준비해봅시다.

숫자를 이용해 간결하게 준비하라!

지금의 프레젠테이션을 옛날에는 '발표'라고 칭했습니다. 화면이 전부 검은색으로 보일 정도로 글씨와 표와 숫자가 빽빽한 자료를 가지고 하던 발표, 기억하십니까? 예전에는 주로 한글이나 워드를 이용해 발표 자료를 준비했지만 지금은 그렇게 발표하면 절대 통하지 않습니다. 오히려 빽빽한 잔소리가 안 날아오면 다행입니다.

요즘은 자료를 만들 때 대부분 파워포인트나 키노트, 프레지를 사용합니다. 메시지를 효과적으로 시각화해서 전달하는 유용하기 때문입니다. 성공적인 프레젠테이션을 위해서는 기획서 내용 중 말로 전달하기 어려운 부분은 다 버리고, 핵심 키워드와 중요한 숫자만 추려야 합니다. 1장의 슬라이드마다 단어 수가 3개 이하가 되게 하거나 중요한 숫자만 띄우는 것도 좋습니다.

슬라이드에 내용을 가득 담지 말고 핵심 키워드 또는 중요한 숫자만 보여줍시다. 그래야 청중들이 슬라이드에 시선을 빼앗기지

제가 좀 숫자에 약해서

않고 발표하는 사람에게 집중합니다. 슬라이드에 담지 않은 구체적 내용은 발표하는 사람이 들려주면 됩니다.

예를 들어 웹툰시장의 규모에 대해서 임팩트 있게 설명하고 싶다고 가정해봅시다. 그럼 슬라이드 중앙에 1,100,000,000,000을 숫자로 크게 쓰고, 아래에 '2020년 국내 웹툰시장 예상규모'라고 작게 명시해 보여주면 됩니다. 보는 이들은 11개의 0이 들어간 큰 숫자에 압도될 겁니다.

2014년 2100억 원에서 2017년 8800억 원으로 웹툰시장 규모가 4배 커진 상황은 어떻게 보여줄까요? 슬라이드에 '2100억 원, 8800억 원, 4배'라는 숫자만 쓰면 됩니다.

1,100,000,000,000 2020년 국내 웹툰시장 예상규모	**2100억** **8800억** **4배**

숫자만 있으니 보는 이로 하여금 궁금증을 일으킵니다. 이때 프레젠터가 직접 숫자에 대한 설명을 해주면 발표에 대한 집중도를 높일 수 있습니다.

숫자를 친숙한 대상과 연결하라

요즘 대기업 신제품 발표회를 본 적 있습니까? 각 기업의 CEO가 직접 나와서 발표를 합니다. 예전 같으면 신제품 출시 당일의 주요 일간지 기업면에 상품설명을 담은 홍보기사만 실렸을 텐데 말입니다. 애플의 스티브 잡스가 모든 걸 바꿔놓았습니다. 모든 CEO가 그의 프레젠테이션을 따라 하고 있는 겁니다.

스티브 잡스는 특히 숫자를 친숙한 대상과 연결시키는 프레젠테이션의 달인이었습니다. 《스티브 잡스 프레젠테이션의 비밀》을 쓴 카마인 갈로는 잡스가 숫자에 옷을 입혔다고 설명합니다. 애플은 2001년 음악 산업을 뒤집어놓을 아이팟을 공개했습니다. 애플은 아이팟의 저장용량 5GB를 자랑하고 싶었지만, 솔직히 청중에게 5GB는 별 의미 없는 숫자입니다. 특히 GB라는 단위가 익숙하지 않은 사람들에게 아무리 큰 숫자를 이야기해봤자 '그게 무슨 상관이야?'라는 표정으로 들을 겁니다. 그런데 스티브 잡스는 5GB에 옷을 입혀서 의미 있는 숫자로 만들었습니다.

그는 '노래 1000곡을 주머니 속에'라는 헤드라인과 함께 주머니에서 아이팟을 꺼내 보였습니다. 5GB라는 숫자가 노래 1000곡으로 바뀌면서 감탄을 불러일으킨 겁니다. 당시 1000곡을 저장할 수 있는 mp3플레이어는 이미 나와 있었지만, 그것들은 전부 5GB만을 강조했습니다. 하지만 스티브 잡스가 5GB가 아니라 1000곡을 이야기하자 숫자가 의미를 갖기 시작했습니다. 이 카피 덕에 아이팟은 엄청난 인기를 얻게 됩니다. 그래서인지 나중에 용량이 커진 새로운 아이팟은 "노래 3만 곡을 주머니 속에"라고 소개하기도 했습니다.

이렇게 숫자에 우리가 평소 접하는 생활과 상황에 맞춰 구체적

30,000 songs in your pocket

의미를 부여하는 방법을 저는 추천합니다. 프레젠테이션에 대한 청중의 이해도와 신뢰도가 더욱 높아질 테니까요.

그런데 노래뿐 아니라 사진과 동영상도 저장할 수 있는 32GB 신형 아이팟을 출시했을 때입니다. 잡스는 이번에도 청중이 관심 있어 할 만한 숫자를 제시했습니다.

"노래 7500곡, 사진 2만 5000장, 동영상 75시간을 저장할 수 있는 용량."

다들 놀라워했고 아이팟은 불티나게 팔려갔습니다. 저 역시 프레젠테이션 현장에 있었다면 공감하고 바로 구매했을 것 같습니다. 지금 사용하고 있는 제 스마트폰의 용량이 작아서 수시로 사진을 지우고 앱을 지우고 있거든요. 이런 불편을 느끼는 저에게 저런 구체적인 숫자는 가슴에 팍 꽂힙니다.

애플의 팀 쿡 대표도 스티브 잡스의 방식을 따랐습니다. 팀 쿡은 두께가 6.1밀리미터인 아이패드 에어2를 연필과 연결시켜 발표했습니다. 아이패드 에어2의 프레젠테이션은 이렇게 시작됩니다. 화면에 연필이 있습니다. 그런데 갑자기 레이저가 연필을 깎아냅니다. 그리고 그 뒤에 아이패드 에어2가 등장합니다.

"두께가 6.1밀리미터로 연필보다 얇습니다."

이렇게 말하며 팀 쿡은 아이패드 에어2를 들어 보였습니다. 이 프레젠테이션을 보니 '와, 연필처럼 얇으니 가지고 다니기도 정말 편하겠네'라는 생각이 절로 들었습니다.

애플의 제품이 매력적인 것도 물론 잘 팔리는 이유입니다. 하지만 애플 제품이 잘 팔리는 이유 중 하나는 제품이 출시되기 전에 프레젠테이션으로 이미 고객을 설득하고 매료시키기 때문이라고 생각합니다. 그렇지 않다면 왜 수많은 사람들이 애플 제품 발표일에 밤을 새가며 발표영상을 보고 분석하겠습니까? 애플 팬들은 애플의 프레젠테이션을 보며 신제품에 감탄하고, 그 내용을 블로그에 작성해서 공유합니다. 이렇게 팬들이 자발적으로 제품의 매력을 널리 알리는 겁니다.

비유를 이용해 스토리텔링하라

'카페라테 효과'는 한때 재테크에서 인기를 끈 용어입니다. 미국의 재테크 전문가 데이비드 바흐가 만든 이 표현은 4달러짜리 스타벅스 카페라테를 마시는 대신 저축을 하면 어떤 효과가 발생하는지 숫자로 설명한 것입니다.

"매일 4달러짜리 스타벅스 카페라테를 마시지 않고 연수익률 5% 상품에 투자한다면, 복리효과로 30년 후에는 2억 원 정도를 만들 수 있습니다."

'아니, 카페라테 한 잔을 안 사 먹고 그 돈을 모으면 30년 후에 2억 원이 된다니!' 가슴에 팍 꽂히지 않으요? '당장 내일부터 커피 참고 저축해야지!' 하는 도전정신이 생깁니다. 이렇게 숫자로 비유해 전달하면 듣는 사람에게 흥미를 일으키게 됩니다.

카페라테 효과와 비슷한 사례로 카카오뱅크에서 '26주 적금 챌린지'를 출시했습니다. 1주에 1000원을 저축해서 2주째는 2000원, 3주째는 3000원, 이렇게 매주 1000원씩 저축액이 늘어납니다. 매주 늘어나는 저축액은 자율적으로 선택할 수 있습니다. 26주까지 얼마를 모을 수 있는지 보여주고 챌린지에 도전하는 사람들 중 매주 추첨해서 선물을 줍니다. 26주 적금 챌린지는 카페라테 효과처럼 30년 후가 아니라 26주 후입니다. 기간이 짧아서 그런지 더 쉬워 보입니다. 이미 26주 적금 챌린지에 참여하는 사람들이 많다고 하니, 숫자로 스토리텔링을 할 때 설득의 힘이 크다는 사실을 다시 한 번 확인할 수 있습니다.

참고로 숫자로 프레젠테이션할 때는 인포그래픽 사용을 추천합

3 숫자, 실전으로 들어가다!

니다. 인포그래픽은 인포메이션과 그래픽의 합성어로, 정보를 보기 쉽게 이미지와 숫자로 표현한 것을 말합니다. 깔끔한 이미지에 수치를 입히니 짧은 시간에 쉽게 사람들을 이해시킬 수 있습니다. 그래서인지 정부나 공공기관에서 정책을 발표할 때 가장 많이 사용하는 시각화 도구가 바로 인포그래픽입니다. 숫자의 나열보다는 도식화가 낫고, 도식화보다는 인포그래픽으로 전달하는 것이 좋습니다.

마지막으로 프레젠테이션 자료 작성 시 절대 금기시할 것이 있습니다. 바로 애니메이션입니다. 이것을 풍자한 것으로 〈개그콘서트〉의 '조별과제'라는 코너가 있습니다. 대학생들끼리 발표자료

제가 좀 숫자에 약해서

를 준비하는 데, 팀원 중에 한 명이 보노보노를 너무 좋아하는 겁니다. 그래서 모든 슬라이드에 효과를 잔뜩 입힌 보노보노를 출연시킵니다. 이것이 웃음거리가 되는 것에서 알 수 있듯, 과도한 애니메이션은 피하는 것이 좋습니다. 애니메이션이 잔뜩 들어간 프레젠테이션은 보는 이의 인상을 찌푸리게 만들고 집중력을 떨어뜨립니다.

간결한 메시지와 이미지의 슬라이드, 친숙한 대상과 연결하여 비유로 스토리텔링합시다. 숫자를 활용한 프레젠테이션은 강력한 힘을 발휘할 것입니다.

3 숫자, 실전으로 들어가다!

숫자 실수는 회사를
파산하게 만든다

"오, 대박! 47인치 TV가 17만 원!"

"진짜? 말도 안 돼!"

지인이 보내 준 카카오톡 링크를 보니 사실이었습니다. 링크를 타고 쇼핑몰 사이트에 로그인한 후 17만 원 결제를 마쳤습니다.

"나에게도 47인치 TV가! 완전 횡재다 횡재!"

그런데 기쁨도 잠시. 쇼핑몰 사이트에 사과문이 공지되고 결제가 취소됐다는 문자가 왔습니다.

얼마 전 한 인터넷 쇼핑몰에서 실제로 일어난 일입니다. 200만 원이 넘는 47인치 TV가 17만 원에 올라왔습니다. 당연히 순식간에 매진이 됐습니다. 그런데 알고 보니 판매자가 판매액을 잘못 입력한 것이었습니다. 사과문과 함께 일괄적으로 구매 취소가 됐습니다. 소비자들은 정신적 피해와 손해를 호소하며 법적 소송도 불사하겠다고 울분을 토했습니다.

사실 이 정도는 양호한 편입니다. 한 번의 숫자 실수로 직장을 잃거나 회사가 파산하기도 하니까요.

숫자 실수를 악용한 대형 금융사고

최근에는 대형 증권회사에서 우리사주 배당사고가 발생했습니다. 증권관리팀 담당자가 우리사주 조합원에 대한 현금배당 업무를 하면서 1주당 1000원씩 총 28.1억 원의 현금배당이 아닌 주식 28.1억 주를 배당한 것입니다. 우리사주 조합원 중 22명은 실수로 들어온 주식 1208만 주를 매도했고, 그중 16명의 501만 주가 거래가 체결되었습니다. 이 사고는 회사의 주가를 전일 대비 최고 11.68% 하락시켰습니다. 금융감독원에서는 이 사건을 자본시장의 신뢰를 심각하게 저하시킨 대형 금융사고라고 밝혔습니다. 착오 입고된 주식임을 알면서도 매도를 주문한 직원 21명은 업무상 배임 및 횡령 혐의로 검찰 고발되었고 결국 구속되었습니다. 이들은 어떻게 팔 것인지 회의실에서 모의까지 했다고 합니다. 증권

3 숫자, 실전으로 들어가다!

매매에서 흔히 발생하는 팻핑거일까요? 전 아니라고 생각합니다. 관리자인 증권관리팀장이 충분히 검토할 수 있었음에도 승인했다는 점에서 그렇습니다. 충격 여파가 무척 컸고 오랫동안 시끄러웠던 사고입니다.

숫자 실수 때문에 파산한 회사, 부자가 된 사람

2015년, 한맥이라는 투자증권회사가 파산했습니다. 2013년 12월, 한 직원이 옵션 가격 계산 프로그램에 '잔여일/365일'을 입력해야 하는데 '잔여일/0일'로 입력했습니다. 그러자 옵션 가격 계산 프로그램은 가지고 있는 모든 옵션을 터무니없는 가격에 매수 매도해버리기 시작했습니다. 쉽게 말해서 100원에 살 상품을 1000원에서 사고, 1000원에 팔 상품을 100원에 판매한 겁니다.

불과 15분 동안 3만 8000건의 주문이 발생했고 피해액은 460억 원에 달했습니다. 회사는 결국 일일이 거래 상대와 직접 합의를 해서 문제를 해결해야 했습니다. 국내 증권사들은 거래소의 중재로 거래를 무효화할 수 있었지만, 해외 증권사들은 무자비했습니다. 한맥은 결국 한 번의 숫자 실수로 462억 원대의 손실을 남기고 파산했습니다.

최근 한 증권사 역시 파생상품 주문에서의 실수로 60억 원대 손실을 입었습니다. 아무리 첨단 시스템을 갖춰도 사람이 실수하면 막지 못한다는 걸 보여주는 것 같습니다.

반면 회사의 숫자 실수로 부자가 된 사람도 있습니다. 일본에서 개인투자자 BNF로 불리는 코테가와 타카시입니다. 2005년 12월 8일, 미즈호 증권사는 제이컴 주식 61만 주를 1엔에 팔고, 1주를 61만 엔에 사는 주문을 내버렸습니다. 이때 주식거래를 하고 있었던 코테가와 타카시는 제이컴 주식을 대량으로 산 뒤 바로 되팔아 하루 만에 22억 엔의 차익을 거두었습니다. 그 후 코테가와 타카시는 제이컴 사나이라고 불리며, 현재는 일본 최고의 개인투자자가 되었습니다. 참 아이러니하지 않습니까? 회사의 절망이 누군가에게는 인생을 뒤바꾸는 사건이 되다니 말입니다.

숫자 실수는 일상다반사

이런 대형사고가 아니라도 숫자에 관한 실수는 일상다반사입니다. 보고서 작성할 때 단위를 잘못 적어서 팀장님에게 호되게 혼난 적 있지 않나요? 도시락 16개 주문을 61개로 주문해서 일주일 내내 도시락만 먹었다는 사람도 있습니다. 발주할 때 0 하나를 더 붙여서 재고 떠안는 건… 아, 이건 정말 위험합니다. 저도 가게를 운영하면서 재료를 주문하는데 비슷한 실수를 했습니다. 시리얼 1개 주문할 것을 10개로 주문해서 박스 채로 온 겁니다. 매일 아침 시리얼을 철근같이 씹으며 다시는 실수하지 않겠다고, 꼼꼼히 살펴보겠다고 다짐했습니다. 그때부터 주문한 뒤 발주내역을 꼭 확인하고, 매니저에게도 주문내역을 보내서 다시 확인하는 더블 체크를 합니다.

숫자를 다룰 때 실수는 하지 않도록 두 번 세 번 확인해야 합니다. 자신이 없다면 동료의 도움을 받아서 더블체크합시다. 이미 결재가 승인되었더라도 실수가 있었다면 바로 상사에게 알려서 정정해야 합니다. 숨기려고 하다가 더 심각한 상황으로 번질 수 있습니다. 그리고 같은 실수를 반복하지 않도록 업무 프로세스를 개선해야 합니다. 똑같은 실수를 두 번 세 번 하는 것은 실수가 아니라 고의라고 할 수 있습니다.

숫자 실수는 반드시 경계해야 합니다. 일을 하면서 숫자 실수를 하면 자신감이 대폭 하락할 뿐 아니라 회사까지 나락으로 떨어뜨릴 수 있습니다.

4

이제는
숫자에
강해질 때

÷ 1 ÷
머니마인드부터 갖춰라

팀장님은 대표님의 총애를 받고 있는 에이스 중의 에이스입니다. 최연소 본부장이 될 거라는 소문이 돌고 있을 정도입니다. 팀장님께서 실수하는 경우는 단 한 번도 본 적이 없고, 맡은 일은 아무리 험난해도 최상의 결과를 만들어냅니다. 그 덕에 우리 팀도 승승장구 중입니다. 하지만 다들 좀비가 되어가고 있습니다.

그래도 전 팀장님이 정말 멋지다고 생각합니다. 팀장님처럼 일하고 싶고, 팀장님처럼 되고 싶습니다. 존경할 수 있는 인물이 있다는 사

4 이제는 숫자에 강해질 때

실만으로 회사에 다닐 맛이 납니다. 주변 친구들은 또라이 같은 상사 때문에 당장 그만두고 싶어 하는데 말입니다.

팀장님께서 워낙 바빠서 매번 식사도 업무 스케줄과 병행하시기 때문에 우리 팀의 점심장소는 언제나 회의실입니다. 어느 날 팀장님께서 여유가 생겼는지 단둘이 식사하자고 하셨습니다. 저는 기쁜 마음에 밥을 먹으며 팀장님께 말을 걸었습니다.

"팀장님, 전 팀장님처럼 되고 싶습니다."

"그래? 일중독자가 되고 싶다고?"

"일로 자신의 가치를 멋지게 입증하고 계시잖아요. 저도 그러고 싶습니다."

"힘든 길을 가려고 하네, 하하. 칭찬 맞지?"

오글거리는 제 말도 팀장님은 편하게 받아주셨습니다.

"팀장님처럼 직장생활을 하려면 어떻게 해야 할까요?"

"나처럼 직장생활을 한다…. 그 생각은 잘 안 해봤네. 어려운 질문이다. 흠. 그래. 머니마인드를 길러봐. 완전히 달라질 테니."

"머니마인드요?"

"응, 머니마인드. 어떤 것이든 그것으로 돈을 벌 수 있는지 없는지 생각해보는 사고방식이라고 할까?"

"그렇군요. 그런데 어렵네요."

"나도 힘들게 터득한 거야. 그런데 쉽게 얻어내려고?"

"아닙니다. 저도 노력하겠습니다."

머니마인드가 필요한 이유

　최고의 팀장님 아래에서 일을 한다는 것은 정말 힘들고 고됩니다. 하지만 성장할 수 있는 최고의 환경에서 일을 하는 것이기도 합니다. 곁에서 팀장님이 하는 것만 훔쳐보며 일을 해도 금방 성장할 테니 말입니다.

　팀장님이 말한 머니마인드는 한마디로 '돈을 버는 사고방식'입니다. 내가 맡은 일로 돈을 벌 수 있는지 없는지 예상손익과 수익률, 투입비용을 계산해보는 것입니다. 머니마인드가 있어야 내가 하는 일이 회사의 수익에 어떻게 기여하는지 알게 되고, 이익의 극대화를 위해 고민하고 계획하며 실행하게 됩니다. 반대로 머니마인드가 없으면 승진과는 거리가 점점 멀어집니다.

　스탠퍼드대학의 티나 실리그 교수는 학생들에게 5달러와 2시간을 주며 최대한의 수익을 올려보라는 과제를 냈습니다. 그 결과 최고 수익을 올린 팀은 5달러를 한 푼도 쓰지 않고 650달러를 벌었습니다. 머니마인드가 없는 팀은 5달러를 가지고 과자를 싸게 사서 비싸게 팔거나, 과일을 사서 주스로 판다거나, 복권을 사는 식으로 과제에 접근했습니다. 그에 반해 최고의 수익률을 기록한 팀은 5달러와 2시간이란 제약에서 벗어나 창의적으로 생각을 했습니다. 그들은 스탠퍼드대학 학생을 선호하는 기업에게 채용에 도움이 되는 광고를 만들어 650달러를 받고 팔았습니다. 머니마인드를 통해서 문제 자체를 완전히 다르게 본 겁니다. 정말 놀랍지 않나요?

아무리 경기가 어려워도 맛집은 생겨납니다. 그런데 신기한 건 이미 유명한 맛집의 주인이 다른 맛집 여러 개를 운영하는 경우가 많다는 겁니다. 이게 무슨 의미일까요? 돈이 돈을 번다? 될 놈은 된다? 정확히 표현하면 '돈을 버는 비결'을 안다는 것입니다. 맛집의 주인은 어떤 곳에 가게를 열고 어떤 아이템을 팔아야 돈을 벌 수 있는지 이미 알고 있다는 겁니다.

얼마 전 TV에서 초보장사꾼을 위한 방송을 본 적이 있는데, 족발로 성공한 청년장사꾼이 나왔습니다. 그는 가게를 운영하며 어떤 곳에 가게를 열어야 성공할 수 있는지 패턴을 터득하게 됐다고 합니다. 전통적인 상권분석이 아니라 오직 그만이 육감적으로 아는 성공 패턴이었습니다. 가게를 열기 위해 관심 있는 상권들을 돌아보며 스케치북에 자신이 생각하는 패턴을 입혀 분석하고 점수를 매긴 뒤, 가장 높은 점수를 받은 곳에 가게를 열었습니다. 그리고 그곳은 많은 사람이 찾는 맛집이 되었습니다. 이 '돈을 버는 비결'이 바로 머니마인드입니다.

한 외식업 전문 세무사로부터 어떤 사장님의 이야기를 들은 적이 있습니다. 그 사장님은 가게를 차리고 손님을 모아 1년간 대박집을 만든 후 다른 사람에게 가게를 팔고 1년간 여행을 다닌다고 합니다. 여행을 다니며 다음 대박 아이템을 준비하고, 지난번의

제가 좀 숫자에 약해서

매각대금으로 새로운 가게를 차린다는 겁니다. 그는 이미 개업을 할 때 어떤 문제가 생기는지, 어떻게 해결하면 되는지 또 어떤 부분을 보완하면 되는지를 알고 있기에 계속해서 대박집을 만들 수 있었습니다. 이렇게 문제를 발견하고 해결을 통해 돈을 버는 비결이 바로 머니마인드입니다.

장사의 신 백종원 씨도 머니마인드가 특출난 사람입니다. 그는 골목에서 망해가는 식당을 한 번만 훑어봐도 무엇이 잘못됐는지 바로 파악합니다. 그리고 메뉴의 가격을 보면 원가 구조에 무슨 문제가 있는지, 요리를 먹으면 레시피의 부족함이 무엇인지를 바로 짚어냅니다. 백종원 씨는 머니마인드가 이미 장착되어 있기에 문제들을 바로 찾아낼 수 있는 것입니다.

CEO처럼 재무적으로 사고하라

비즈니스 구루 톰 피터스는 자신의 책《리틀 빅 씽》에서 이렇게 말했습니다.

"비즈니스의 모든 것은 재무를 통해 이루어지며, CEO라면 숫자를 자유자재로 말할 수 있어야 한다."

베스트셀러《완벽한 공부법》을 쓴 신영준 박사와 고영성 작가는 일을 잘하는 8가지 원리 중 하나로 '재무적 사고'를 꼽았습니다. 재무적 사고란 회사에 장기적이고 지속적인 이익을 가져다주는 방법을 고민하는 것입니다. 위기에 처했던 스타벅스가 이를 극복하고 엄청난 이익을 얻게 된 것도 하워드 슐츠의 재무적 사고 덕분이었다고 합니다.

하워드 슐츠가 스타벅스에 복귀해서 가장 먼저 한 일은 매출액을 줄이고 비용을 늘리는 것이었습니다. 이해할 수 있나요? 위기에 빠진 기업이 매출을 줄이고 비용을 늘리다니? 하워드 슐츠는 단기적으로 보면 이익이 줄어들어서 손해를 보는 것 같지만 장기적으로 봤을 때 스타벅스가 거듭날 수 있다고 판단한 것입니다. 그는 '커피의 맛'과 스타벅스 경험이라고 불리는 '서비스'가 스타벅스의 본질이라고 생각했습니다. 그래서 하루 날을 잡고 미국 내 모든 매장의 문을 닫았습니다. 그리고 직원들에게 커피를 만드는 기술을 다시 가르쳤습니다. 또 지점 관리자들을 모두 모아서 스타벅스의 핵심가치와 서비스에 대해 교육했습니다. 위기의 상황이었지만 직원들의 복지비용은 줄이지 않았습니다. 비용의 문제가 아니라 회사와 직원의 신뢰 문제라고 판단했기 때문입니다. 2008년 4달러까지 떨어졌던 스타벅스의 주가는 현재 57달러까지 올랐습니다. 이것이 장기적이고 지속적인 이익을 고민한 하워드 슐츠의 재무적 사고가 만들어낸 결과입니다.

머니마인드로 일하는 BSC의 네 가지 관점

BSC(Balance Score Card, 균형성과지표)는 회사의 성과를 매출액같은 재무지표로만 판단하는 한계점을 극복하기 위해 재무적 관점, 고객 관점, 내부 프로세스 관점, 학습과 성장 관점 이렇게 4가지 관점에서 기업의 성과를 종합적으로 평가하는 성과관리 시스템입니다. 머니마인드를 갖춘다는 것은 BSC의 네 가지 관점에서 일하는 것을 말합니다.

재무적 관점은 고객 관점, 내부 프로세스 관점과 긴밀하게 연결되어 있습니다. 재무적 관점은 매출액 같은 수익증감, 비용증감, 이익증감, 현금증감 등 재무적인 요소를 통해 평가를 하는 것입니다. 쉽게 말해서 재무적인 요소에서 문제를 발견한 뒤 그 해결책을 '고객이 원하는 것이 무엇인지, 내부에서 개선해야 할 것은 또 무엇인지' 고객 관점과 내부 프로세스 관점에서 찾아보는 것입니다.

다 죽어가던 회사를 살린 히트상품을 개발할 수 있었던 이유

한때 국내 3대 가전회사였던 대우전자는 그룹이 해체되면서 구조조정에 들어갔고, 수차례 매각에 실패하며 규모축소와 가치하락을 겪었습니다. 구조조정 전에는 140여 명에 달했던 연구원이 15명으로 줄었지만, 신제품 개발을 통해 수익성을 확보해야 회사는 살아남을 수 있고 매각이 가능했습니다. 회사가치 하락이라는 재무적 요소에 문제가 있었던 것입니다. 신제품 개발에 회사의 명운이 달려 있기에 반드시 성공시켜야만 했기에, 전 직원은 하나가

되어 치열하게 신제품 개발을 고민했습니다.

대우전자 직원들은 세탁기 신제품 개발을 위해 세탁기를 고객 관점에서 살펴봤습니다. 그러자 '공간을 많이 차지한다', '세탁시간이 길다', '여성 전용 세탁물을 당일 세탁하기 힘들다' 등등의 문제점을 발견할 수 있었습니다. 그리고 해결책으로 벽에 세탁기를 걸자는 파격적인 아이디어가 나왔습니다.

하지만 아이디어를 현실화하려 하자 '벽에 세탁기를 걸면 층간소음을 유발하지 않을까?', '급수 배수 문제를 해결할 수 있을까?', '용량이 크면 벽에 달 수 있을까?' 등의 다양한 문제가 나타났습니다. 대우전자 직원들은 조직원의 역량을 높이고 내부 프로세스를 개선해 문제를 하나씩 해결했습니다. 이 과정에서 92개의 특허를 취득하며 아이디어를 제품으로 실현시킬 수 있었습니다.

이렇게 세계 최초로 선보인 벽걸이 드럼세탁기는 젊은 주부층과 1인 가구, 빌트인 시장을 중심으로 엄청난 인기를 끌었고 최고의 히트상품이 되었습니다. 벽걸이 드럼세탁기의 성공이 원동력이 되어 가전산업에서의 상품성을 입증할 수 있었고, 대우전자는 높은 가격에 동부그룹에 인수되었습니다.

현재 벽걸이 드럼세탁기는 누적판매만 25만 대를 넘어섰고, 세계 곳곳에서 최고의 상품으로 선정되었습니다. 특히 중국 시장을 공략해 중국판 블랙프라이데이인 광군제 기간에는 17시간 동안 3만 2000대를 판매하기도 했습니다.

학습과 성장 없이는 BSC도 어렵다

재무적 관점과 내부 프로세스 관점은 항상 학습과 성장 관점이 받쳐줘야 합니다. 일을 하는 나와 조직의 역량이 함께 발전하지 않으면 성과를 낼 수 없기 때문입니다. 프리미어리그에서 아시아 선수로는 최고 득점을 기록하며 최고의 활약을 선보이고 있는 손흥민 선수는 타고난 능력이 아니라 철저한 연습으로 지금 자리에 설 수 있었다고 고백했습니다. 이는 최고가 된 모든 선수들이 입을 모아 이야기하는 부분입니다.

벽걸이 드럼세탁기를 개발한 김경학 동부대우전자 연구소장은 연구원 개인의 열정과 역량개발 없이는 벽걸이 드럼세탁기가 탄생할 수 없었을 것이라고 말합니다. 92개의 특허 취득이 이를 입증합니다. 특히 꾸준한 학습과 연습이 없다면 조직 역량 향상과 업무 프로세스 개선은 불가능합니다.

머니마인드의 기본은 재무제표를 읽을 수 있는 능력

마지막으로, 회사에서 머니마인드의 기본은 재무제표를 읽을 수 있는 능력을 기르는 것입니다. 재무제표는 기업의 머니 정보이고, 회계를 안다는 것은 기업의 머니 정보인 재무제표를 읽을 수 있다는 뜻입니다. 재무제표를 가장 잘 읽는 사람은 누구일까요? 재무팀장일까요? 아닙니다. 바로 CEO입니다. CEO의 유일한 성적표는 재무제표이기 때문입니다. 재무제표를 분석할 수 있고 이를 통해 회사를 이해할 수 있을 수준이 되려면 회계를 공부해야 합니다. 머니마인드를 갖춘다는 것은 CEO처럼 일한다는 것입니다. 최고의 팀장은 아마도 자신이 직원이 아니라 회사의 CEO라는 마음으로 일을 할 겁니다. 회사가 돈을 버는 것에 가장 관심을 갖는 사람은 CEO니까요.

돈도 실력도 없는 메이저리그의 최약체팀 오클랜드 어슬레틱스의 빌리 빈 구단주는 경제학 전공자를 영입해서 혁신을 시도합니다. 어슬레틱스는 돈이 없어서 비싼 몸값을 자랑하는 최고의 선수는 영입하지 못합니다. 그래서 빌리 빈 구단주는 승리할 수 있는 조건을 만드는 선수를 영입해서 승률을 높이는, 일명 머니볼 방식으로 구단을 운영하고자 합니다. 다들 반대했지만 빌리 빈은 생각을 바꿔야 한다며 밀어붙였습니다. 그 결과, 가장 가난했던 구단은 거의 매년 포스트시즌에 진출하는 강팀이 되었습니다. 빌리 빈 구단주의 머니마인드를 통해 어슬레틱스가 메이저리그의 새 역사를 쓴 것입니다.

이제 직장인마인드는 버리고 머니마인드로 무장합시다. BSC의 네 가지 관점인 재무적 관점, 고객 관점, 내부 프로세스 관점, 학습과 성장 관점으로 일합시다. 자신이 회사의 새로운 역사가 될 수 있을 겁니다.

회사의 숫자 끝판왕, 회계

"나 자격증 땄어."

갑작스런 말에 순댓국의 깊은 국물이 입으로 들어가다 말고 기도로 방향을 바꿨습니다.

"악. 퀙퀙퀙."

"괜찮냐? 자격증 땄다니까 왜 그래?"

"퀙퀙, 정말? 언제 딴 거야? 대단한데! 근데 무슨 자격증?"

"별것 아니고. 회계관리 2급."

아니, 나랑 똑같이 직장생활했는데 자격증은 언제 딴 거지? 직장생활을 같이하며 키운 든든한 동지애는 사라지고 순댓국처럼 뜨거운 질투만 남았습니다.

"그래도 회계 자격증이네. 원래 회계에 관심 있었던 거야?"

"우연히 회계책을 읽었는데 회계가 재밌게 느껴지더라고. 그래서 회계관리 2급 책 사다가 공부했고, 도전했는데 만점 받았네!"

"뭐라고? 켁켁."

"뭐야, 또 그러냐. 냉수 줘?"

"어어."

순댓국을 먹으며 녀석의 회계 자격증 도전기를 들었습니다. 회계는 회사의 언어라 회계를 모르면 회사를 알 수 없다는 겁니다. 팀장님도 나보고 회계를 공부하라고 했는데….

"회계를 공부하는 이유는 결국 재무제표를 읽기 위해서야. 재무제표에는 회사의 모든 것이 다 있어. 재무제표를 보고 사장은 경영판단을 내리고, 투자자는 투자를 결정하거든."

팀장님 자리에 놓여 있던 회사 재무제표가 떠올랐습니다.

"재무제표를 읽을 수 있으니까 정말 많은 도움이 돼. 재무제표로 거래처 파악하는 게 솔직히 자신 없었거든. 그런데 지금은 자신감 뿜뿜이라니까. 너도 회계공부 시작해. 나도 했는데 니가 못하겠냐?"

"짜식, 우쭐하긴. 조금만 기다려라. 나도 만점 받는다."

회계교육이 화두인 시대입니다. 최근에 기업교육 담당자분들의 회계교육 요청이 눈에 띄게 늘고 있습니다. 특히 재무제표 읽기를 쉽고 재밌게 가르쳐달라고 강조합니다. 우리 회사의 재무상태와 실적을 알려주는 재무제표를 모르면 우리 회사가 어떤 상황인지 알 수 없고, 경쟁사나 거래처가 어떤 상황인지도 파악할 수 없습니다. 어떤 상황인지 모르는 거래처와 거래를 틀 수 있을까요? 재무제표만큼 회사에 대해서 잘 알려주는 것은 없습니다. 그래서 직장인에게 재무제표 읽기가 필요한 것입니다. 회계를 공부하는 목적은 결국 재무제표를 읽기 위해서입니다.

얼마 전, 40대에 70억 원의 자산가가 된 사람의 인터뷰 기사를 읽었습니다. 그는 가계부를 기업의 재무제표처럼 작성해야 한다고 말했습니다. 자신의 재산 상태를 정확히 알지 못하면 돈이 어디서 새는지 알 수 없고 돈을 모을 수도 없다는 겁니다. 재무제표처럼 가계부를 작성하면 현재 자산 현황을 알 수 있고, 전년과 비교해서 자산의 변동도 알 수 있으며, 이를 바탕으로 재산상태에 맞는 재테크 전략을 짜서 성공할 수 있다고 합니다. 이 이야기에 저도 적극 동의합니다.

회사의 재무제표를 읽는 것도 마찬가지입니다. 임직원 모두가 재무제표를 읽어 회사의 상태를 바로 알아야 회사의 상황에 맞는 경영전략을 수립할 수 있습니다.

회계공부는 재무회계 공부와 관리회계 공부로 나뉜다

그럼 회계는 어떻게 공부해야 할까요? 회계공부에도 종류가 있습니다. 재무회계 공부와 관리회계 공부입니다. 재무회계는 주주, 투자자, 은행 등 외부 관계자에게 보여주는 재무제표가 핵심입니다. 재무회계를 공부한다는 것은 재무제표 읽는 방법을 공부하는 것입니다. 관리회계는 경영계획, 원가관리, 사업부별 손익 등 경영자들이 각종 회계정보를 경영에 활용하는 것이 핵심입니다. 직장인이라면 재무회계를 기본적으로 하고, 관리회계를 공부하는 것을 추천합니다.

재무제표를 통해 회사가 가지고 있는 재산과 빚을 알 수 있고, 사업을 잘하고 있는지 실적을 알 수 있습니다. 그로 인해 회사의 상태를 파악할 수 있죠. 재무제표의 종류에는 재무상태표, 손익계산서, 자본변동표, 현금흐름표, 주석이 있습니다.

회사의 건강상태는 재무상태표에 나타난다

재무상태표는 회사의 건강상태를 보여줍니다. 건강하다는 건 현재 아픈 곳이 없다는 뜻이죠. 과거에 아무리 건강했다고 해도 지금 아프다면 건강한 거 아닙니다. 재무상태표가 재무제표 중 유일하게 현재 시점으로 작성되는 이유는 이것입니다. 또 전년말 현재와 비교하는 유일한 자료이기도 합니다. 재무상태표란 말을 들

재 무 상 태 표

제61기 2017년 12월 31일 현재
제60기 2016년 12월 31일 현재

주식회사 신세계

(단위 : 원)

과 목	주석	제61(당)기말	제60(전)기말
자 산			
Ⅰ 유 동 자 산		612,466,249,876	419,334,189,234
현금및현금성자산	36,39	111,149,343,124	6,943,130,124
매출채권및기타채권	6,36,38	210,049,102,736	174,580,801,295
재고자산	9	68,661,289,921	77,588,048,273
파생상품자산	16,36,37	499,914,199	
기타금융자산	5,8,36	180,368,376,141	131,879,294,576
기타유동자산	14,38	41,740,223,612	28,342,914,966
Ⅱ 비 유 동 자 산		5,459,433,292,614	5,452,502,874,680
매출채권및기타채권	6,36,38	148,692,515	534,665,757
매도가능금융자산	7,36,37	547,547,630,824	579,975,534,624
종속기업,관계기업및공동기업투자	10	1,785,564,434,714	1,604,829,282,102
유형자산	11,19	2,417,363,571,178	2,467,926,360,355
투자부동산	11,12	161,811,874,488	162,838,946,775
무형자산	13	41,157,726,417	38,198,288,900
파생상품자산	16,36,37		29,420,433,216
기타금융자산	5,6,36,38	176,918,867,346	202,941,534,967
기타비유동자산	14,38	328,810,705,132	365,807,827,984
자 산 총 계		6,071,901,542,490	5,871,837,063,914
부 채			
Ⅰ 유 동 부 채		2,029,087,841,646	1,596,736,543,321
매입채무및기타채무	15,36,38	305,817,593,887	303,152,201,016
선수금	8	411,752,978,315	385,029,428,526
단기차입금	17,36	779,987,635,935	389,332,904,724
당기법인세부채		28,755,435,458	39,715,104,822
기타금융부채	19,36,38	53,868,958,187	67,164,655,172
기타유동부채	18,21,38	448,905,239,864	412,442,249,061
Ⅱ 비 유 동 부 채		903,975,751,645	1,287,003,601,833
장기매입채무및기타채무	15,36,38	2,229,484,477	4,646,969,330
장기차입금	17,36	578,918,556,678	979,441,000,917
파생상품부채	16,36,37	10,367,953,081	1,948,065,019
순확정급여부채	20	22,851,104,002	27,748,297,899
이연법인세부채	33	138,046,900,878	131,689,201,093
기타금융부채	19,36,38	141,238,498,060	128,006,789,739
기타비유동부채	18	12,323,254,469	13,525,277,836
부 채 총 계		2,933,063,593,291	2,883,740,145,154
자 본			
자본금	22	49,225,905,000	49,225,905,000
기타불입자본	23	365,835,929,932	365,835,929,932
이익잉여금	24	317,309,817,147	317,309,817,147

으면 낯설어서 어렵게 느껴질 수도 있지만, 재무상태표를 구성하는 자산, 부채, 자본만 이해해도 반은 먹고 들어갑니다.

회사의 성적표, 손익계산서

손익계산서는 회사의 성적표입니다. 따라서 회사가 돈을 잘 벌었는지 못 벌었는지, 돈을 잘 썼는지 못 썼는지를 보여줍니다. 만약 가계부를 쓰고 있다면 손익계산서가 익숙할 겁니다. 손익계산

손 익 계 산 서

제61기 2017년 1월 1일부터 2017년 12월 31일까지
제60기 2016년 1월 1일부터 2016년 12월 31일까지

주식회사 신세계 (단위 : 원)

과 목	주석	제61(당)기	제60(전)기
I. 매출액	4,27,38	1,665,520,575,699	1,643,709,943,259
II. 매출원가	34,38	351,046,324,832	383,767,813,072
III. 매출총이익		1,314,474,250,867	1,259,942,130,187
판매비와 관리비	28,34,38	1,094,665,119,642	1,062,115,033,157
IV. 영업이익		219,809,131,225	197,827,097,030
금융이익	29	33,523,173,164	47,913,171,214
금융원가	30	86,061,174,903	44,677,924,060
기타영업외수익	31,38	48,766,081,872	25,267,662,806
기타영업외비용	32	28,603,286,906	20,765,988,221
V. 법인세비용차감전순이익		187,433,924,452	205,564,018,769
법인세비용	33	45,331,984,243	46,524,175,257
VI. 당기순이익		142,101,940,209	159,039,843,512
VII. 주당이익	35		
기본주당순이익		14,447	16,168
희석주당순이익		14,447	16,168

주석 참조

서를 보면 회사가 얼마를 벌고 얼마를 쓰고 최종적으로 손에 쥔 이익이 얼마인지 알 수 있습니다. 손익계산서는 일정 기간을 기준으로 하여 작성합니다. 예를 들어 1월 1일부터 3월 31일까지(분기), 1월 1일부터 6월 30일까지(반기), 또는 1월 1일부터 12월 31일까지의 식으로 말입니다. 손익계산서를 볼 때는 기간이 언제인지를 먼저 살펴보고 전년도 또는 전년동분기와 비교하며 봐야 합니다.

제가 좀 숫자에 약해서

건강이 성적보다 중요하다

재무상태표와 손익계산서 중 무엇이 더 중요할까요? 당연히 재무상태표입니다. 건강보다 중요한 것이 있을까요? 건강해야 일도 할 수 있고, 성적이 아무리 나빠도 건강하면 다시 공부할 수 있습니다. 그러나 성적이 아무리 뛰어나도 건강하지 않으면 학업 자체를 포기해야 할 수 있습니다. 기업의 건강도 마찬가지입니다. 기업이 건강해야 이익을 낼 수 있습니다. 따라서 기업의 건강을 알려주는 재무상태표를 가장 중요하게 봐야 합니다.

회사에 돈이 잘 도는지 보여주는 현금흐름표

자본변동표는 기업의 자본이 어떻게 변화되는지 설명해주고, 현금흐름표는 회사의 현금통장에 현금이 얼마 들어오고 얼마 나갔는지를 보여줍니다. 현금흐름표는 단순히 현금이 들어오고 나가고를 기준으로 하는 현금주의로 작성합니다. 현금흐름표를 보면 현금이 얼마나 남았는지 알 수 있습니다.

회사에게 중요한 것은 현금이 도는 것입니다. 피가 몸속에서 잘 돌지 않으면 동맥경화가 오는 것처럼, 회사는 현금이 잘 돌지 않으면 '돈맥경화'가 옵니다. 현금흐름표가 중요한 또 한 가지 이유는 손익계산서의 이익을 진단해보는 도구가 되기 때문입니다. "현금은 팩트지만 이익은 오피니언이다"라는 말이 있습니다. 이익은 속일 수 있어도 현금은 속일 수 없다는 뜻입니다. 예를 들어 500

현 금 흐 름 표

제61기 2017년 1월 1일부터 2017년 12월 31일까지
제60기 2016년 1월 1일부터 2016년 12월 31일까지

주식회사 삼세계   (단위 : 원)

과 목	주석	제61기(당기)		제60기(전기)	
I. 영업활동으로 인한 현금흐름			309,703,155,351		258,786,791,522
영업에서 창출된 현금흐름	39	389,215,482,528		378,422,390,277	
이자수익의 수취		518,140,424		591,034,627	
배당금의 수취		17,677,284,337		19,493,968,750	
이자비용 지급		(38,265,008,258)		(39,659,735,448)	
법인세의 납부		(61,442,745,680)		(100,060,866,684)	
II. 투자활동으로 인한 현금흐름			(166,096,619,668)		(352,498,580,717)
기타금융자산의 증가		(340,000,000)			
기타금융자산의 감소		200,000,000		700,000,000	
매도가능금융자산의 취득		(45,000)		(12,000,000,000)	
매도가능금융자산의 처분		97,356,016,322		12,644,877,060	
유형자산의 취득		(109,159,821,649)		(317,518,093,591)	
유형자산의 처분		30,987,913,420		125,323,957,733	
무형자산의 취득		(8,807,840,629)		(1,332,090,488)	
무형자산의 처분		4,522,310,480		482,788,569	
종속기업투자의 취득		(188,085,152,612)		(87,000,000,000)	
공동기업투자의 취득		(12,750,000,000)		(73,800,000,000)	
III. 재무활동으로 인한 현금흐름			(39,400,322,540)		95,039,029,783
단기차입금의 순증감		(39,334,221,786)		(80,591,433,917)	
금융리스부채의 상환		(7,906,951,584)		(2,547,795,510)	
사채의 상환		(350,000,000,000)			
사채의 발행		378,984,520,000		199,452,600,000	
배당금의 지급		(12,294,531,670)		(12,294,872,040)	
비지배지분측 배당금의 지급		(8,849,137,500)		(8,979,468,750)	
IV. 현금및현금성자산의 증가(I+II+III)			104,206,213,143		1,327,240,588
V. 기초 현금및현금성자산	39		6,943,130,124		5,615,889,536
VI. 기말 현금및현금성자산	39		111,149,343,267		6,943,130,124

주석 참조

억 이익이 났다면 회사에 현금 500억 원이 들어와야 합니다. 그런데 500억 원의 현금이 안 들어온다면 누군가 거짓말을 하고 있다는 뜻입니다.

재무상태표로 회사의 건강을 진단하고, 손익계산서로 회사의 성과를 파악하며, 손익계산서의 이익을 현금흐름표로 진단해봅시다.

재무제표의 궁금증을 풀어주는 주석

주석은 재무제표의 별책부록입니다. 재무제표를 보다가 궁금한 것이 생길 때 해당 계정의 주석을 찾아보면 자세하게 볼 수 있습니다. 재무제표를 볼 때는 증감액이 큰 계정에 밑줄을 긋고, 해당 계정의 주석을 찾아보는 것을 추천합니다. 주석에는 자세하게 쓰여 있다는 뜻이지 쉽게 쓰여 있다는 건 아닙니다. 주석의 방대한 양과 어려운 문장에 기가 질려 주석 보기를 포기하는 사람도 있지만 그래도 끝까지 읽어봅시다.

특히 제약·바이오 기업에 투자를 할 경우 주석을 더욱 꼼꼼히 챙겨봐야 합니다. 2018년 9월 19일에 금융위원회와 금융감독원은 제약·바이오 기업의 경우 연구개발비 회계처리 시 주석에 개발 단계별로 돈을 어떻게 썼는지 자세한 설명을 달아줘야 한다는 세부지침을 제시했습니다. 연구개발비 회계처리에 따라 제약·바이오 기업의 실적이 달라지기 때문입니다. 재무제표에서 크게 증가하거나 감소한 계정을 살펴보고, 해당 계정의 주석을 반드시 찾아보는 습관을 만듭시다.

대한민국 기업의 재무제표를 볼 수 있는 전자공시시스템

그렇다면 재무제표는 어디에서 볼 수 있는 걸까요? 앞서 수치 자료를 찾을 때 도움을 받았던 전자공시시스템입니다. 전자공시시스템에는 자산이 120억 원 이상 되는 공시대상 기업들이 재무제표를 올립니다. 이곳에는 1년에 3만 개 이상의 재무제표가 올라온다고 합니다. 상장사의 경우 1년에 4개의 재무제표를, 비상장사는 1년에 1개의 재무제표를 올립니다. 누구나 전자공시시스템에 들어가 재무제표를 마음대로 편하게 찾아볼 수 있습니다.

전자공시시스템에서 내가 보고 싶은 회사의 이름을 입력하고 찾아보고 싶은 기간을 설정 후 검색을 누르면 감사보고서를 볼 수 있습니다. '아니, 재무제표를 볼 수 있다더니 감사보고서는 또 뭐야?'라고 의아해할 수도 있습니다. 재무제표가 감사보고서라는 이름으로 불리는 이유는 따로 있습니다.

전자공시시스템에 공시하는 회사는 일명 '외감법'의 적용을 받습니다. 외감법은 '외부감사에 관한 법률'의 줄임말인데, 외감법의 적용을 받는 기업들은 회계감사를 받아야 합니다. 감사보고서는 기업이 작성한 재무제표를 외부감사인이 감사한 것입니다. 즉, 회계감사를 받은 재무제표인 것이죠.

감사보고서는 감사인의 의견, 재무제표, 외부감사 실시내용으로 구성되는데, 특히 중요한 것은 감사인의 의견입니다. 감사인의 의견에 회사의 존폐기로가 달려 있기 때문입니다.

감사인은 자신의 의견을 적정의견, 한정의견, 부적정의견, 의견거절 등의 4가지 중 하나로 낼 수 있습니다. 적정의견은 회사의 재무상태를 올바르게 재무제표로 작성했을 때 내는 의견입니다. 재무

제가 좀 숫자에 약해서

상태와 재무제표가 무척 좋은 회사라면 적정의견을 받겠죠. 하지만 재무상태와 재무제표 모두가 최악일 경우에도 적정의견을 받게 됩니다. 재무상태와 재무제표가 일치하기 때문입니다. 그런데 이럴 경우 감사인은 강조사항을 남깁니다. '이 회사는 문제가 심각합니다. 살아남기 어려울 것 같아요'를 뜻하는 '계속기업 불확실성'에 대해 강조사항을 남겼다면 그 회사는 심각하게 바라봐야 합니다. 상장폐지될 확률이 높기 때문입니다. 한정의견은 재무제표에 일부 문제가 있을 때 내는 의견입니다. 한정의견을 연속적으로 받는 것은 상장폐지 사유에 해당합니다. 부적정의견, 의견거절에 해당하는 경우 바로 상장폐지 조건에 해당합니다. 감사인의 의견 하나만으로도 위험한 회사를 분류할 수 있으니 유심히 살펴봐야 합니다.

여기에 금감원이 선정한 재무제표 체크포인트 10가지 참고하면 입체적으로 재무제표를 분석할 수 있습니다.

1) 재무상태표만 확인하고 계셨나요? 다른 재무제표도 같이 보세요!
2) 막막한 재무제표 숫자, 주석에서 해답을 찾아보세요!
3) 아직도 별도재무제표만 보나요? 실질 경영성과는 연결재무제표에 나와 있어요!
4) 재무제표는 당기만 보지 말고 과거의 것과 함께 보세요!
5) 기업의 현금, 어디서 벌어서 어떻게 사용했을까요?

4 이제는 숫자에 강해질 때

6) 영업이익, 실제 영업현금흐름과 비교해서 따져보세요!

7) 기업이 어느 기업에 투자하고 있는지도 꼼꼼히 확인하세요!

8) 특수관계자 거래가 있다면 좀 더 주의를 기울이세요!

9) 숨어 있는 부채가 있진 않을까? 우발부채 주석에서 찾아보세요!

10) 자본인데 상환가능성이? 자본의 실질구성을 확인하세요!

Tip 미국의 경우 증권거래위원회의 에드가에서 제공합니다

http://www.sec.gov/edgar/searchedgar/companysearch.html
알아보고 싶은 기업이 있다면 사업보고서는 Form 10-K, 분기보고서는 Form 10-Q, 수시보고서는 Form 8-K로 찾아보세요.

제가 좀 숫자에 약해서

1분 만에 재무제표 읽기

"윤 대리, A회사 재무제표 좀 가져와봐."

"네! 여기 있습니다."

"A회사 유동성이 어떻게 되지? 유동비율 좀 계산해줄래?"

"유동비율이요? 유동은 움직이는 거니까….'

"뭐해? 유동비율 계산하는 거 몰라? 재무제표 공부도 안 하고 뭐했어?"

"아, 네. 팀장님이 말씀하셔서 책은 사났는데 공부를 못했네요."

"그걸 변명이라고 하니. 아이고, 머리야…."

"팀장님, 최대한 빨리 공부하겠습니다. 죄송합니다."

팀장님의 꾸중에 먼지 쌓인 재무제표 읽는 법에 대한 책을 찾아서 공부를 시작했습니다. 그런데 첫 장을 펴자마자 나오는 복식부기, 분개에서 턱 막혀버립니다. 분개 부분에서는 정말 분노가 치밉니다. 《수학의 정석》을 공부하다 수학을 포기했던 고등학교 때의 좌절감이 떠오릅니다.

"중요한 거면 쉽게 가르쳐줘야 잘 배울 수 있지. 이렇게 어렵게 써놓으면 누가 알아."

애꿎은 책만 벽으로 내던지고 스마트폰으로 웹툰을 보기로 합니다. 그런데 문득 이런 생각이 듭니다.

'복식부기, 분개를 꼭 알아야 재무제표를 읽을 수 있는 건가?'

시중에 나온 재무제표 읽기 책을 보면 대부분 복식부기, 분개로 시작합니다. 하지만 복식부기와 분개를 전혀 몰라도 재무제표 읽는 데는 전혀, 아무, 절대, 문제없습니다.

수학문제를 풀 때 공식을 알아야 푸는 것처럼 재무제표에도 공식이 있습니다. 바로 회계등식입니다.

자산 = 부채 + {자본 + 수익 − 비용}

이 회계등식만 머릿속에 넣어도 재무제표가 읽힙니다. 이 회계등식을 잘 살펴보면 재무제표 종류로 이루어져 있음을 알 수 있습니다.

'자산＝부채＋자본'은 재무상태표.

'수익－비용'은 손익계산서.

'자본'은 자본변동표.

전체에서 흐르고 있는 현금은 현금흐름표.

재무상태표 회계등식: 자산＝부채＋자본

자산은 회사에 돈을 벌어주는 것입니다. 자산을 남의 돈인 부채로 샀는지 내 돈인 자본으로 샀는지 보여주는 것이 재무상태표입니다.

자산은 유동자산과 비유동자산으로 나뉩니다. 유동자산은 현금, 매출채권, 재고자산 등 1년 이내에 현금화할 수 있는 자산이고, 비유동자산은 유형자산과 무형자산처럼 회사에 돈을 벌어다주는 자산입니다. 예를 들어 유형자산은 가전제품 회사의 공장일수 있고, 무형자산은 제약회사의 신약을 개발하는 개발비나 IT회사의 산업재산권일 수 있습니다. 회사는 보유한 유형자산과 무형자산을 이용해서 돈을 법니다.

은행이 재무상태표를 살펴볼 때는 유동자산에 주목합니다. 유동자산은 그 회사가 돈을 잘 갚을 수 있는지, 즉 회사의 상환능력을 보여주기 때문입니다.

1분 만에 회사의 안정성 판단하기

1분 만에 재무상태표를 통해 회사의 안정성을 판단하는 방법은 유동자산과 유동부채를 비교하는 것입니다. 1년 이내에 현금화시킬 수 있는 유동자산의 총액이 1년 이내에 갚아야 하는 유동부채 총액보다 2배 많으면 "회사의 유동성이 좋다" "안정성이 있다"라고 말합니다. 이것을 "유동비율이 200% 이상이다"라고 합니다. 더 나아가 유동자산에서 재고자산을 뺀 것을 당좌자산이라고 부릅니다. 당좌자산 총액이 유동부채 총액과 같거나 많은 경우, 유동자산이 2배 많았을 때보다 안정성이 뛰어나다고 합니다. 이것을 "당좌비율이 100% 이상이다"라고 합니다.

언젠가 갚아야 할 남의 돈, 부채

부채는 남의 돈입니다. 언젠가 갚아야 할 돈이니 내 돈이 아닙니다. 부채에는 제품을 만들 때 들어가는 재료비 외상대금, 은행에서 빌린 돈, 미리 받은 돈 등등이 포함됩니다. 그런데 부채도 자산과 같이 유동부채와 비유동부채로 나눕니다. 유동부채는 1년 내에 갚아야 하는 부채, 비유동부채는 만기가 1년이 넘는 부채입니다. 유동부채에서 유심히 볼 것은 단기차입금입니다. 단기차입금은 은행에서 빌린 대출금입니다. 은행에서 돈을 빌리면 이자가 발생합니다. 단기차입금이 있다는 것은 그 회사가 은행에 이자를 내고 있다는 것입니다.

나쁜 부채 단기차입금, 좋은 부채 선수금

비용이 발생하면 그만큼 이익은 줄어들겠죠? 이렇게 차입금은 이자비용을 발생시켜 이익을 줄어들게 합니다. 그래서 단기차입금은 부채 중에서도 나쁜 부채입니다. 단기차입금이 있다면 주석에서 차입금 만기일자와 금리를 확인하고, 이자비용은 얼마나 내는지 알아보는 것이 좋습니다.

부채 중에는 선수금이라는 미리 받은 돈이 있습니다. 시스템 구축 회사가 고객사와 계약을 하며 선금을 받았다면 이 선금이 바로 선수금입니다. 선수금이 많다는 건 계약을 많이 했다는 것이고, 미리 받은 돈이기에 회사에 현금이 돌게 됩니다. 좋은 부채인 것이죠. 그런데 미리 받은 돈이 부채 자리에 있는 이유는 계약을 이행하지 못할 때 다시 돌려줘야 하기 때문입니다.

회사의 안정성을 확인하는 방법이 또 있습니다. 부채총액을 자본총액으로 나누고 100을 곱하면 부채비율을 구할 수 있습니다. 남의 돈인 부채총액이 100억 원, 내 돈인 자본총액이 100억 원인 경우 부채비율은 100%가 됩니다. (부채 100억 원/자본 100억 원)×100=100%라고 계산이 되니까요. 그리고 부채가 자본보다 적거나 같은 상태, 즉 부채비율이 100% 이하인 회사는 안정성이 있다고 평가됩니다.

이익이 늘어나면 내 돈인 자본도 늘어난다

회계등식에서 보시다시피 돈을 벌어다주는 자산은 남의 돈과 내 돈으로 구입합니다. 상식적으로 생각해도 남의 돈보다는 내 돈으로 자산을 구입하는 것이 더 좋지 않을까요? 처음 시작할 때 납입한 자본금과 사업을 하면서 흑자가 쌓인 이익잉여금을 비교하는 것도 회사가 잘 성장했는지 볼 수 있는 방법입니다. 자본금이 10억이고 이익잉여금이 100억이라면 지금까지 흑자가 쌓인 금액이 100억이라는 것입니다. 자본금 10억으로 100억을 만들었으니 10배 성장했다는 이야기입니다.

자본은 내 돈입니다. 회사를 설립할 때 납입한 자본금, 흑자를 통해 쌓인 이익잉여금이 자본입니다.

이익 또는 손실은 자본에 더해진다

수익에서 비용을 뺐는데 이익이 나면 흑자고, 손실이 나면 적자입니다. 흑자든 적자든 자본에 더해집니다. 예를 들어보겠습니다.

자본은 20억입니다. 올해 수익은 10억, 비용은 8억이 발생했습니다. 그럼 2억 흑자입니다. 이 2억이 자본에 더해져서 자본은 22억이 됩니다. 반대로 수익은 8억, 비용은 10억이라면 2억 적자입니다. −2억이 자본에 더해지면 20억이었던 자본이 18억이 됩니다. 이처럼 적자냐 흑자냐에 따라서 재무상태표의 자본이 커지거나 작아지는 것입니다.

재무상태표를 볼 때는 안정성을 판단하는 유동비율과 부채비율을 확인하고, 돈을 벌어다주는 자산이 무엇이 있는지 살펴보는 것이 중요합니다.

손익계산서 회계등식: 수익-비용

이제 손익계산서를 살펴봅시다. 가전제품을 만드는 회사가 냉장고를 팔면 영업수익, 가지고 있던 노후비품을 팔면 영업외수익입니다.

손익계산서의 회계등식은 '수익 – 비용'입니다.

수익에는 영업수익과 영업외수익이 있습니다. 영업수익은 회사가 영업활동을 통해 벌어들인 수익으로 흔히 매출액이라고 부릅니다. 영업외수익은 영업외활동에서 벌어들인 수익입니다. 가전제품을 만드는 회사가 냉장고를 팔면 영업수익, 가지고 있던 노후비품을 팔면 영업외수익입니다.

매출액에서 매출원가를 빼면 매출총이익입니다. 제품을 팔고남는 걸 마진이라고도 하는데, 매출총이익이 바로 마진입니다. 매출총이익이 충분히 확보되어야 흑자가 날 수 있습니다. 3000원에 판매할 마카롱을 만드는데 재료비가 3500원이라면 말이 안 됩니다. 매출총이익을 늘리는 것을 많이 고민해야 합니다.

잘나가는 화장품 회사의 매출총이익율이 75%입니다. 100원 팔면 75원이 남습니다. 정말 많이 남지 않나요? 손익계산서를 보면 "우리나라에서 부자가 되려면 화장품 사업을 하라"는 말이 괜히 나온 게 아닌 것 같습니다.

영업이익은 본업에서 벌어들인 돈

매출총이익에서 제품을 홍보하고 회사를 운영하는 비용인 판매비와 관리비를 빼면 영업이익이 나옵니다. 영업이익은 영업활동 끝에 남긴 이익입니다. 영업이익을 매출액으로 나누고 100을 곱하면 영업이익률이 나옵니다. 중요한 것은 영업이익률의 증가입니다. 영업이익은 본업에서 벌어들인 돈이므로, 영업이익률이 증가한다는 건 시장에서 경쟁력이 있음을 증명합니다.

앞에서 언급한 화장품 회사는 매출원가보다 판매비와 관리비가 2배가 넘습니다. 광고와 홍보를 많이 해야 화장품이 잘 팔리기 때문입니다. 아모레퍼시픽의 경우 매출총이익률이 75% 정도 되지만, 영업이익률은 10% 내외입니다. 그런데 그 회사의 이익률만 봐서는 절대 알 수 없습니다. 업종별 평균 그리고 경쟁기업과 비교해서 보면 현재 회사의 영업이익이 적정한지 확인할 수 있습니다.

영업이익에서 영업외활동을 통한 영업외수익과 영업외비용을 가감하면 법인세차감전순이익이 나옵니다. 여기에서 법인세비용을 빼면 회사의 손에 쥔 이익, 즉 당기순이익이 나옵니다. 최종 이익이라고도 합니다.

흑자라는 말은 당기순이익이 +임을 뜻합니다. 당기순이익은 재무상태표상 자본의 이익잉여금으로 들어갑니다.

워런 버핏이 좋아하는 수익성 지표, ROE

손익계산서에서 우리는 각 이익을 매출액으로 나누는 이익률로 수익성을 평가합니다. 매출액총이익률, 영업이익률, 당기순이익률이 있는데, 업종별 평균이익률 그리고 경쟁기업이익률과 비교했을 때 높은 이익률이 나와야 좋습니다.

수익성 지표에는 ROE(Return On Equity)라는 자기자본이익률이 있습니다. 자본을 가지고 얼마를 남기고 있는지 보여주는 지표인데, 당기순이익을 재무상태표상의 평균자본으로 나누면 구할 수 있습니다. 투자의 신 워런 버핏은 ROE가 15 이상인 회사에 투자합니다. 1000원의 자본을 가지고 150원 이상 남기는 회사에만 투자한다는 뜻입니다.

손익계산서를 통해서도 안정성을 평가할 수 있습니다. 영업이익을 이자비용으로 나누면 구할 수 있는 이자보상배율이 바로 그 기준입니다. 이자보상배율이 3이상 되어야 안정성이 있다고 볼 수 있습니다. 1미만인 경우는 이자비용도 못 버는 회사이므로 부실가능성이 있습니다. 3년 연속 1미만인 경우 좀비기업으로 낙인찍힙니다. 이럴 때는 재무구조 개선을 위해 법정관리에 들어갑니다.

이제 재무제표 보고 쫄지 맙시다. 1분 만에 읽고 "이 회사는 안정성이 떨어지네요. 부채비율이 100%가 넘고, 유동비율은 97.8%예요"라며 아는 척해봅시다.

제가 좀 숫자에 약해서

회계등식에 삶을 대입한다면?

 삶(자산) = 사랑(부채) + {스토리(자본) + 내 일(수익) - 시간(비용)}
자산이 삶이라면, 부채는 사랑입니다. 우리가 살아오면서 받은 사랑은 다시 베풀어줘야 합니다. 부모님, 형제자매, 친구들에게 말입니다. 자본은 스토리입니다. 내가 살아온 흔적들이죠. 이것이 나의 가치를 높이고 삶을 살아가는 원동력이 됩니다. 수익은 내 일입니다. 내 일을 통해 우리는 유형의 돈을 벌고 무형의 평판과 명예를 얻습니다. 비용은 시간입니다. 시간이 들지 않는 일은 없습니다. 내 일을 하려면 초기에는 많은 시간을 들여야 합니다.

이익은 자존감이라고 생각합니다. 내 일을 위해서 고민하고 실행하는 시간 역시 힘듭니다. 하지만 그 결과로 얻는 성취감, 나에 대한 신뢰는 자존감으로 이어지죠. 이익이 나면 배당을 합니다. 배당은 이벤트입니다. 나를 믿고 도와준 부모님, 가족, 내 사람들 그리고 나 자신에게 선물을 주는 겁니다. 용돈이나 평소 갖고 싶었던 물건, 여행이 곧 배당입니다.

삶의 가치는 내가 받은 사랑을 베풀며, 인생에 내 흔적들을 남겨나갈 때 커져갑니다. 그리고 내 일을 발견하여 시간을 투자해 얻는 자존감은 내 인생을 충만하게 즐기는 내 스토리의 원천이 됩니다. 수고한 나를 위해, 내 사람들을 위해 이벤트를 선물합시다. 이것은 회계등식엔 없지만 믿고 맡겨준 주주들에게 배당금을 지급하는 것과 같습니다.

디저트를 즐기듯 삶의 이익을 달콤하게 만끽하시길. 단, 뭐든 지나치면 안 된다는 사실을 잊지 마세요.

÷ 4 ÷

나쁜 회사 골라내는 방법

직장인의 자유는 점심시간에 있습니다. 내가 먹고 싶은 메뉴를 결정할 수 있고 밥을 안 먹으면 쉴 수도 있는 자유의 시간.

"오늘 굴국밥 잘하는 집 갈래? 내가 개척했다."

"굴국밥 좋지? 굴 매니매니 주면 좋겠다."

"완전 매니매니 줘. 가자!"

일찍 와서인지 줄을 서지 않고 바로 주문할 수 있었습니다. 보글보글 끓고 있는 굴국밥. 보기만 해도 맛있을 거 같습니다. 밥을 먹으

제가 좀 숫자에 약해서

며 동료들과 이야기를 나누는데, S그룹 ○○회사의 이야기가 나왔습니다. 제가 주식을 가지고 있는 회사입니다.

"금감원에서는 ○○회사 회계처리에 문제가 있다고 하던데!"

"그럼 어떻게 되는 거야? 금감원이 문제 있다고 하면?"

"상장폐지될 수 있다고 하더라고."

"무슨 잘못을 했다고 상장폐지까지 돼."

"정말이야? 거짓말 아냐? 어떻게 상장폐지까지 돼? 그게 그렇게 쉽냐?"

"분식회계를 했으니까. 그거 엄청 큰 범죄야. 여하튼 논란이 많더라고. 의견도 엇갈리는 것 같고."

'분식회계?'

다들 분식회계를 알고 있는 것 같아서 아는 척했지만 저는 순간 떡볶이, 튀김, 순대 잘하는 동네 분식집이 떠올랐습니다.

'상장폐지라니! 헉! 그럼 내 주식이 휴지조각이 될 수 있다는 건데?'

갑자기 밥맛이 뚝 떨어졌습니다. 적금을 모아 투자한 주식인데 상장폐지라니, 가슴이 답답하고 뻐근해집니다.

분식회계 때문에 나라가 망하다

1998년 우리나라에 무슨 일이 있었는지 아시나요? 한마디로 나라가 망했습니다.

4 이제는 숫자에 강해질 때

대한민국은 IMF(국제통화기금)에 우리나라를 구해달라며 구제금융을 신청했습니다. IMF 외환위기 당시 실업자 수는 150만 명에 이르렀고, 중소기업은 줄지어 도산했으며, 30대 재벌기업 중 17개 기업이 해체되거나 매각되었습니다. 1998년의 IMF 외환위기를 촉발한 것은 바로 대우그룹의 분식회계였습니다.

분식회계란 이익을 부풀려 실적을 포장한 것입니다. 쉽게 말해 이익이 70억 원에 불과한데 100억 원이라고 뻥튀기하는, 숫자로 거짓말을 하는 아주 나쁜 짓입니다. 당시 대우그룹의 분식회계 규모는 41조 원이었습니다. 대우에서 시작해 30대 재벌 중 한보, 기아, 동아건설 등 17개 재벌기업이 분식회계로 망하거나 주인이 바뀌었습니다.

그렇다면 IMF 외환위기 이후로 분식회계는 완전히 사라진 걸까요?

2013년에 3조 4000억 원의 사기대출을 받은 중소기업 모뉴엘부터 대기업인 대우조선해양, 포스코 등에서도 여전히 분식회계는 사라지지 않고 있습니다. 최근에는 S그룹의 ○○회사가 금융감독원으로부터 분식회계 의혹을 제기받았고, 최악의 경우 상장폐지까지 갈 수 있다는 말까지 돌았습니다. 금융감독원은 분식회계라고 하고, 분식회계 여부를 판단하는 증권선물위원회는 일부만 고의성을 인정하는 등 여러 논란이 있었지요. 우여곡절 끝에 간신히 상장폐지는 피했지만 문제가 있어 보입니다.

그런데 이익을 부풀리는 분식회계에 반대되는 역분식회계도 있습니다. 이익이 100억 원인데 70억 원으로 깎는 겁니다. 쉽게 말해서 이익을 부풀리면 분식회계, 이익을 깎으면 역분식회계입니다.

이익을 깎아내리다니, 제 살을 깎아 먹는 그런 일이 가능할까요? 분식회계나 역분식회계를 하는 이유를 알아보면 궁금증이 금방 해소됩니다.

분식회계를 하는 목적은 기업의 이익을 부풀리고 실적을 포장해 우량기업으로 보이는 것입니다. 주식상장을 앞두고 있거나, 은행에서 대출을 받아야 하거나, 인수합병 시 기업의 가치를 높여 비싸게 팔아먹어야 할 때 저지르는 게 분식회계죠. 반대로 역분식회계를 하는 이유는 기업의 이익을 깎아 부실기업으로 보이기 위해서입니다. 어느 사장이 자기 회사를 부실기업처럼 꾸미고 싶겠냐고요? 그런데 있더군요. 세금을 덜 내고 싶거나, 회사 자금을 횡령하고 싶거나, 또는 임금 인상을 안 해주려는 사장님들은 역분식회계를 합니다.

숫자로 거짓말하는 기업의 악질적인 행태는 내부고발 없이 잡아내기가 정말 어렵습니다. 하지만 분식회계 내부고발자에 대한 보상이나 보호대책은 부실한 상태입니다. 이런 상황인데 어느 누가 나설까요? 기업이 부실함을 넘어 썩어 문드러진 이후 분식회계나 역분식회계가 드러나면 후폭풍은 엄청납니다. 우리는 이미 IMF외환위기를 통해 경험했습니다.

그렇다면 기업의 거짓말을 발견하는 방법은 없을까요?

갑자기 성장한 회사는 의심하라

혜성처럼 등장하며 믿기지 않는 속도로 놀라운 성장을 기록하는 회사들이 있습니다. 언론에서 성공담을 부풀리고, 스타 CEO로 이름을 날립니다. 하지만 그 뒤의 그림자를 우리는 조심스럽게 살펴봐야 합니다. 성장의 이유가 확실하게 무엇인지, 그들이 내세우는 근거들을 뒷받침하는 숫자가 있는지 살펴봐야 한다는 뜻입니다. 바로 재무제표를 통해서 말입니다.

재무제표로 검증하라

재무제표를 보면 회사의 모든 활동의 결과를 숫자로 확인할 수 있습니다. 그런데 톱니바퀴처럼 잘 맞물려 있는 재무제표에도 어색해 보이는 숫자들이 있습니다. 갑자기 증가하거나 감소한 숫자들은 체크해서 원인을 파악해야 합니다. 그리고 재무비율을 통해 의심스러운 수치들을 따져봐야 합니다. 예를 들어 수익과 이익은 급증하지만 회사의 통장에 들어오는 현금은 거의 없다면 의심스럽습니다. 손익계산서의 매출, 당기순이익과 현금흐름표의 영업활동현금흐름을 비교해봐야 합니다. 당기순이익과 영업활동현금흐름의 차액이 클수록 문제가 있는 건 아닌지 합리적 의심을 해볼 필요가 있습니다.

매출이 급증했는데 재고자산도 급증했다면 이 역시 의심해야 합니다. 매출이 급증한 건 제품이 잘 팔린다는 것입니다. 그렇다면 팔릴 제품인 재고가 거의 없거나 적어야 정상입니다. 그런데 오히려 재고자산이 증가했다? 우리는 여기서 의심을 해야 합니다. 혹시 공장을 24시간 돌렸을까요? 어떻게 재고가 증가한 것인지 정황 분석이 필요합니다. 많은 전문가들은 재무제표만 제대로 봐도 대부분의 분식회계를 잡을 수 있다고 합니다.

숫자 뒤에 숨겨진 사연을 발견하라

우리는 눈앞에 제시된 숫자를 믿어버리는 경향이 있습니다. 숫자는 거짓말을 하지 않을 거라고 생각하면서 말입니다. 하지만 겉으로 드러난 숫자를 그대로 믿지 말고, 숫자 뒷면에 숨겨진 이야기를 찾아내야 합니다. 다음은 모뉴엘 분식회계 사기를 발견하고 850억 원의 대출금을 전액 회수해서 피해를 면하게 한 당사자인 우리은행 강윤흠 차장의 이야기입니다.

로봇 청소기와 홈씨어터 가전으로 엄청난 성장세를 보였던 모뉴엘은 우리은행에 추가대출을 요청했습니다. 우리은행 영업본부장이 살펴보니 매출실적이나 전망 등 서류상 문제는 없었지만 재무제표에 의심이 가는 부분이 있었습니다. 그래서 산업분석팀의 계약직 직원이었던 강윤흠 차장에게 분석을 요청합니다. 강윤흠 차장은 재무제표에 대한 의심을 바탕으로 분석을 시작했습니다.

그가 모뉴엘에 대해 알아보면서 가장 먼저 한 생각은 '이렇게 잘 나가는 회사고 잘 팔리는 제품인데 왜 주위에 그 제품을 사용하는 사람은 없을까?'였습니다.

'모뉴엘이 판매기록을 세웠다는 해외 인터넷 쇼핑몰에도 이 회사의 제품이 없고, 미국의 모든 쇼핑몰을 다 돌아봤는데도 제품을 구입할 수 없네? 정말 모뉴엘은 판매를 한 걸까?'

이런 문제에 대한 답을 듣기 위해 모뉴엘에 납품 근거자료를 요구했지만 모뉴엘은 차일피일 미루다 자료 제출을 거절했습니다. 강윤흠 차장은 담당부장과 함께 여러 조사를 거친 끝에 문제가 있다고 판단했고, 결국 추가대출을 해주지 않았을 뿐 아니라 기존에 모뉴엘에게 대출해줬던 850억 원도 회수했습니다. 사실 한국의 애플이라 불리며 미래가 탄탄했던 기업에 대출을 중지하고 회수를 한다는 건 리스크가 어마어마하게 큰 일입니다. 이자도 꼬박꼬박 잘 내고 있는데 왜 그러냐며 내부 반대도 무척 심했습니다. 그러나 2년 뒤 모뉴엘은 법정관리에 들어갔고, 분식회계와 엄청난 사기대출이 드러났습니다.

모뉴엘에게 마음 편하게 대출해준 은행들은 막대한 피해를 봤지만 우리은행은 강윤흠 차장 덕분에 피해를 면하게 된 것입니다. 그 결과, 강윤흠 차장은 우리은행 최초로 정규직 전환과 함께 포상금 300만 원을 받았습니다. 사실 300만 원이 아니라 더 큰 돈으로 보상해도 부족한 것 같습니다. 850억 원의 손실을 막아줬으니

구원자 아닌가요?

SNS를 보면 요즘 잘나가는 회사들과 성공한 CEO의 인터뷰 영상이 돌아다닙니다. 숫자를 공부했다면 이런 영상이나 뉴스를 곧이곧대로 믿어서는 안 됩니다. 이를 뒷받침하는 정확한 숫자를 확인한 후에 그 회사를 다시 봐도 늦지 않으니까요.

"난 사람 안 믿어. 사연을 믿지."

〈나쁜 녀석들 시즌2: 악의 도시〉에서 우제문 검사가 하는 말입니다.

숫자는 거짓말을 하지 않습니다. 그러나 사람은 숫자로 거짓말하고 싶어 합니다. 숫자를 그대로 믿지 말고 재무제표 속의 숫자에 숨어 있는 이야기를 찾아봅시다. 그것이 기업의 거짓말에 속지 않는 안전한 방법입니다.

÷ 5 ÷

월급만으로 부족한 당신을 위한
생활투자근육 키우기

"저렇게 많은 아파트가 있는데 우리 아파트는 왜 없는 거지?"

"걱정 마. 내 품에서 살면 되지."

"칫, 오글거리게. 당신도 내 품에서 살아."

우리 부부는 서울에서 맞벌이 부부로 알콩달콩 분주하게 살고 있습니다. 결혼한 지 이제 5년차에 접어들었고, 현재 반전세에 살고 있지만 내 집 마련을 꿈꾸고 있습니다. 그런데 문제는 돈이 잘 모이질 않는다는 겁니다. 아껴 쓰는 것 같은데 어디서 줄줄 새는지 모이는 돈은 별로 없습니다.

"여보, 이번 달에 왜 이렇게 많이 썼을까?"

"글쎄, 잘 모르겠는데. 경조사가 많았나?"

"맨날 적는다 적는다 하고 안 적으니까 모르지."

"그게 내 잘못이야? 자기가 걱정 말라며. 그럼 당신이 기록해야지."

"내가 시비 거는 게 아니잖아. 문제점을 이야기한 거지."

"됐어. 그럼 당신이 돈 관리해."

돈 이야기만 하면 자꾸 싸움이 납니다. 이러다가 집은 마련할 수 있을지 걱정입니다. 평생 남의 집에서 꿈만 꾸는 건 아닐까 불안하기도 합니다. 서울에서 아파트를 사려면 35년 동안 월급을 모아야 한다는 기사를 읽었습니다.

'우린 맞벌이니까 35년의 반인 17년 정도 걸리겠네.'

생각만 해도 암울합니다. 자녀 출산도 생각하고 있는데 내 집 마련은 점점 멀어져갑니다. 그래서 퇴근하는 길에 서점에 들러 재테크 책 대여섯 권을 구매했습니다.

'읽고 공부하다 보면 돈도 모을 수 있겠지. 힘내자!'

내 집 마련은 모든 직장인들의 꿈이다

내가 얻은 소득으로 집을 마련한다는 것, 생각만 해도 감동입니다. 영화 〈변호인〉에는 송우석 변호사가 고시 공부를 하던 시절,

부산의 한 아파트 건설현장에서 막노동을 하는 장면이 나옵니다. 송우석은 공사일을 하면서 10층 벽에 '절대 포기하지 말자'를 써놓고 다짐합니다. 이 집을 반드시 사겠다고 말입니다. 그후 사법시험에 합격했고 변호사로 명성을 날립니다. 그리고 사겠다고 문구를 적으며 다짐했던 아파트 10층을 구입합니다. 정말 가슴 벅찬 장면입니다.

아파트 구입 자금은 어떻게 조달할까?

앞서 언급했듯 회사의 안정성 평가 기준 중에는 부채비율이 있습니다. 부채비율이 100% 이하인 회사는 안정성이 있다는 평가를 받지요. 내 돈과 빌린 돈이 동일할 때의 부채비율이 100%입니다. 가계 역시 안정성을 위해 부채비율을 100% 이하로 맞춰야 합니다. 예를 들어 6억짜리 아파트를 구입하는데 대출을 해야 한다고 가정해봅시다. 이때 3억 원을 대출받는다면 내 돈 3억 원이 있어야 부채비율이 100% 이하가 됩니다. 신규분양의 경우 분양가의 40%까지 중도금 대출을 받을 수 있습니다. 신규분양이 아니면 주택담보대출을 통해 돈을 빌릴 수 있는데, 지역에 따라 소득에 따라 대출을 받을 수 있는 한도가 다르므로 반드시 확인해야 합니다.

자, 아파트 구입을 위해 절반은 대출을 받겠다고 결정하면 이제는 자기자본 3억 원을 모으기 위한 로드맵을 작성해야 합니다. 그러기 위해 꼭 해야 할 일이 있습니다. 바로 가계 재무상태표를 작성하는 것입니다.

우리 가계 재무상태는?

기업의 재무상태표처럼 내 자산으로는 무엇이 있는지, 자산을 구입하기 위해 빌린 부채는 얼마인지 확인할 수 있게 가계 재무상태표를 만들어봅시다. 왼쪽에는 현금, 예금, 주식, 자동차, 보증금 등을 쓰고 오른쪽에는 은행에서 빌린 돈, 지인에게 빌린 돈, 신용카드 대금 등등 부채내역을 적습니다. 자산의 총액에서 부채총액을 빼면 내 순재산인 자본을 구할 수 있습니다. 배우자와 함께 자세하게 적어야 합니다. 혹시 숨겨놓은 마이너스 통장이 있다면 미리 이실직고하길 바랍니다. 재무상태표가 정확해야 달성 가능한 목표를 계획할 수 있으니까요.

우리 가계 흑자야? 적자야?

이제 얼마를 벌고, 얼마를 쓰고, 얼마가 남았는지를 정확하게 볼 수 있는 가계 손익계산서를 작성합시다.

부부 모두의 수입과 비용을 각각 정리하고, 한 달에 한 번 합쳐서 봐야 합니다. 그럼 둘이 합쳐서 얼마를 벌었는지, 얼마를 썼는지, 얼마가 남았는지를 살펴볼 수 있습니다. 이때 중요한 것은 남은 돈과 수중에 있는 현금이 일치해야 한다는 겁니다. 혹시 차이가 있다면 왜 그런지 살펴봐야지 그냥 넘어가서는 안 됩니다. 차

4 이제는 숫자에 강해질 때

이가 있다면 둘 다 모르고 쓰는 돈이 있다는 의미니까요. 그 금액이 작으면 몰라도 크다면 문제가 심각한 것입니다. 또 작더라도 쌓이면 큰돈이 되니 모르고 쓰는 돈이 없는지 작은 돈 하나하나도 꼭 확인해야 합니다.

만약 재무상태표와 손익계산서 작성이 어렵다면 스마트폰의 개인자산관리서비스 어플을 이용하는 것도 좋습니다. 저는 뱅크샐러드 어플을 무료로 사용하며 자산을 관리하고 있습니다.

현금이 어디서 새지 않나?

재무상태표와 손익계산서를 작성했다면 매달 얼마만큼의 현금이 남는지 볼 수 있습니다. 실제 통장 잔액과 일치하는지 확인하고, 남는 현금이 총수입과 비교해서 어느 정도 비율인지 계산하면 됩니다. 예를 들어 둘이 매달 500만 원을 버는데 100만 원이 남는다면 20%가 남는 것입니다. 이 비율을 기준으로 더 많이 남기도록 목표액을 정합시다. 40%인 200만 원을 목표로 저축한다면 1년에 2400만 원의 돈을 모을 수 있습니다.

그런데 목표를 달성하기 위해서는 비용절감을 해야 합니다. 매달 지출하는 비용은 고정적으로 지출하는 고정비와 그렇지 않은 변동비로 구분합니다. 월세, 아이 유치원비, 교육비 등은 고정비에 속하고 외식비, 의류구입비, 소모품 구입 등은 변동비에 속합니다. 고정비는 줄일 수 없으니 둘이 머리를 맞대고 변동비에서 조절과 감축이 쉬운 비용항목을 정하고 줄여봅시다.

보험 다이어트라는 말이 있습니다. 지인 추천으로 어쩔 수 없이 가입한 돈 먹는 보험이 있다면 과감하게 해지합시다. 쓸데없는 보험료만 줄여도 저축액을 늘릴 수 있습니다.

또 남은 현금 200만 원은 어떻게 해야 할까요? 우선 2400만 원을 모으는 것에 초점을 맞춰야 합니다. 적금을 드는 것을 추천합니다. 종잣돈 2400만 원을 모은 후 주식투자나 다른 다양한 투자방법을 살펴보고 자신에게 맞는 것을 선택하면 됩니다.

생활투자근육을 키우는 방법

운동을 해보면 알겠지만, 근육은 단숨에 붙지 않습니다. 팔근육을 키우기 위해서는 팔근육에 자극을 주는 운동을 반복해야 합니다. 돈을 모으려면 생활 속에서 투자가 일어나야 합니다. 우리 일상에서 쉽게 할 수 있는 투자를 운동하듯 해봅시다.

편리한 인터넷뱅크로 쉽게 돈 모으기

한때 통장 쪼개기라는 재테크가 유행했습니다. 그런데 이거 여간 번거로운 것이 아닙니다. 먼저 공동으로 사용하는 생활비통장, 적금통장, 각자의 용돈통장 등 여러 개의 통장을 만들어야 합니다. 물론 생활비와 용돈 통장은 체크카드와 연결하여 통장잔액보다 많은 돈을 사용하지 않게 제한을 걸어놓아야 하죠.

인터넷뱅크를 이용하면 아주 쉽게 통장 쪼개기 비슷한 형태로 돈을 모을 수 있습니다. 돈을 모은다기보다 돈을 쓰지 않게 묶어 둔다는 것이 맞을 듯합니다. 저는 카카오뱅크를 쓰고 있는데, 세이프박스라는 기능을 통해 예금통장에서 일부 금액은 쓰지 못하게 막아놓을 수 있습니다. 예를 들어 통장에 있는 30만 원 중 10만 원은 쓰지 못하게 해놓는 것입니다.

또 인터넷뱅크는 5분만 투자해도 자유롭게 자유적금 상품을 들 수 있다는 장점이 있습니다. 저 역시 매달 적금을 붓고 있습니다. 시중은행의 경우 은행을 방문해야만 첫 계좌를 개설할 수 있기에 참 번거롭고 힘듭니다. 게다가 보이스피싱 때문에 통장개설도 어렵습니다. 그런데 인터넷뱅크의 경우 손쉽게 계좌를 개설할 수 있고, 바로 적금까지 들 수 있으니 참 편리합니다. 무엇보다 어떤 CD기를 이용해도 이체수수료가 없어 좋습니다. 또 여러 개의 적금통장 개설도 가능하고 26주 적금 챌린지 같은 이벤트도 열려 돈 모으는 재미가 생깁니다. 이런 이벤트는 짧은 기간에 원금과 이자를 모두 받을 수 있다는 장점이 있습니다.

한 달에 한 주 사기

재무제표를 공부해서 우량한 회사의 주식에 투자하는 것은 어떨까요? 한 달에 한 주 정도 주식을 사는 겁니다. 또는 금액을 정해서 매달 그 금액만큼의 주식을 매수하는 것도 좋습니다.

코스피에 상장해 있고, 업력이 10~20년 이상에 업계 1위이며 재무제표에서 안정성이 있는 회사라면 그 주식을 삽니다. 재무제표를 보고 투자할 곳을 선택하면 대박주는 살 수 없지만 안정성 있는 회사의 주식을 살 수 있습니다. 예를 들어 비싸서 못 샀던 삼성전자 주식이 이제는 50분의 1로 액면분할해서 5만 원이면 한 주를 살 수 있습니다. 삼성전자의 안정성이 뛰어나다고 생각한다면 주식을 사는 것도 좋겠습니다. 남북평화회담이 적극적으로 성사되고 평화기류가 흐르니 경제협력 관련 기업들의 주가가 치솟습니다. 하지만 이런 분위기에 휩쓸려 투자하는 것은 조심해야 합니다. 재무재표를 통해 안정적인 재무상태와 위에서 언급한 조건을 갖춘 회사를 확인했다면 조금씩 투자해보는 것을 추천합니다.

개인적으로 이렇게 주식을 매수했다면 오랫동안 보유하길 추천합니다. 워런 버핏은 주식을 10년 보유할 생각이 없다면 10분도 보유하지 말고 버리라고 말했습니다. 보유하면 개인도 기업도 좋습니다. 주식으로 돈을 버는 방법에는 주식을 팔아서 생기는 매매차익뿐만 아니라 주식을 보유한 주주에게 지급하는 배당금 수익도 있기 때문입니다.

자신이 관심을 갖고 있는 회사에서 공시한 정보들을 유심히 살펴보면서 한 주씩 늘려가다 보면 그 회사의 주식은 핵심우량주가 되어 남부럽지 않은 자산이 만들어질 것입니다.

P2P투자로 용돈 벌기

P2P투자란 개인과 개인 간 거래, 즉 개인이 다른 개인에게 투자하는 것입니다. 그렇다고 직접 하지는 않습니다. P2P금융플랫폼 회사를 통해 대출을 중개받아 원금과 이자를 받는 방식입니다. 수익은 8~10%로 은행 금리보다 높은 수준이고, 소액으로도 할 수 있다는 점에서 매력적입니다. 다만 상환기간이 길고 돈을 잘못 빌려줬다가는 날릴 위험이 있습니다.

P2P투자는 원금보장도 되지 않고, 예금자보호법도 적용되지 않습니다. 따라서 수익률만 보지 말고 P2P금융플랫폼 회사가 P2P금융협회에 등록된 곳인지, P2P투자 가이드라인을 준수하는 곳인지 잘 살펴보고 투자해야 합니다. 요즘 P2P투자 피해 뉴스가 적잖이 나옵니다. P2P투자의 핵심은 금융플랫폼 회사가 어디냐에 달려 있으니 검증된 회사를 이용합시다.

제2의 월급을 만들어 수익 늘리기

하지만 모으는 것에도 한계가 있고, 투자도 잘돼야 차익을 얻을 수 있습니다.

앞서 이야기했듯이 이익을 늘리는 방법은 두 가지가 있습니다. 수익을 늘리거나 비용을 줄이거나 하는 것이죠. 만약 비용을 줄이는 것에 초점을 맞췄다면 수익을 늘리는 방법을 고민해봐야 합니다.

저는 회사에 다닐 때부터 강의를 했습니다. 그러자 월급 외에 강의료라는 수입이 들어왔습니다. 또 칼럼 집필 요청도 있어서 원고료도 받았습니다. 이렇게 부수입이 있으니 총수입도 늘어났습니다. 근무시간이 주 52시간으로 조정된다면 투잡을 고민해보는 것도 좋을 것 같습니다. 남는 시간을 부수입을 버는 시간으로 만드는 것입니다.

블로그에 꾸준히 파워포인트 템플릿을 올려서 파워블로거가 된 사람은 주말에 파워포인트 심화반을 모집해 강의합니다. 프라모델을 조립해서 판매하는 사람이 있는가 하면 또 다른 사람은 SNS를 통해 옷을 판매하기도 합니다. 회사를 다니면서 자신만의 독특한 일러스트를 그리는 사람도 있습니다. 일러스트가 SNS에서 큰 인기를 끌자 그 사람은 일러스트를 활용한 문구류 같은 굿즈를 만들어 벼룩시장과 온라인에서 팔았습니다. 자기만의 콘텐츠가 있거나 강의에 자신이 있는 사람이라면 강연 회사에 제안서를 보내서 강사 등록 후 쉬는 날에 강의로 수입을 얻을 수도 있습니다. 제2의 월급을 버는 방법은 이렇게 다양합니다.

"돈이 만능이 아니지만 돈을 다루는 방법을 바꾸면 인생을 바꿀 수 있어."

《부자의 그릇》에서 이즈미 마사토는 이렇게 말합니다. 여러분도 돈을 다루는 방법을 바꾸면 인생을 변화시킬 수 있을 것입니다.

읽고 기록하고 사랑하라

일하기도 싫지만 숫자는 더 싫었습니다. 그런데 숫자를 수시로 만나는 팀에 배정받았습니다.

"이런저런 수치자료가 필요하니까 찾아봐."

"우리 회사 제품이랑 경쟁사 제품 원가율 계산해서 보고해."

일을 받았지만 이내 패닉상태에 빠졌습니다. 누군가에게는 별거 아닌 일이지만 숫자를 싫어하는 저에겐 곤욕이었습니다. 그런데 뭔가 달라지기 시작했습니다.

제가 좀 숫자에 약해서

'사람은 미워해도 숫자는 미워하지 말자.'

기계 부속품처럼 일했던 제가 그토록 싫었던 숫자에 관심을 갖기 시작했더니 일이 재밌어졌습니다.

이젠 피하지 않고, 숫자를 똑바로 응시하는 습관이 생겼습니다. 그리고 회계공부를 본격적으로 시작했습니다. 회계책을 읽고 회계강사의 강의를 듣고 회계관리 2급 자격증에 도전했습니다. 열심히 공부한 결과 만점으로 합격했습니다.

합격 소식을 팀원들과 나눴는데 나를 보는 시선이 예전과 다름이 느껴집니다. 여전히 부족하지만 더 잘하고 싶고 더 성장하고 싶습니다. 이제야 성장하는 재미를 누리게 된 것 같습니다.

나태주 시인의 〈풀꽃〉이란 시를 아시나요? 시인은 "자세히 보면 예쁘고 오래 보면 사랑스럽다"고 말합니다. 나태주 시인은 아름다운 풀꽃을 보며 이 시를 지었을 것입니다. 무릎은 땅에 붙이고 허리를 굽혀 꽃의 향기를 맡고 꽃잎 한 장 한 장을 들여다보며 그 아름다움에 흠뻑 빠졌겠지요. 이 시를 보면 모든 것은 관심에서 시작한다는 것을 알 수 있습니다.

무엇이든 자세히 보면 예쁘고 오래 보면 사랑스럽습니다. 숫자도 마찬가지입니다. 싫어한다고 쳐다도 안 보고 외면하고 피하면서 어떻게 사랑할 수 있을까요? 사람도 자주 보면 정이 드는 것처럼 숫자도 자주 보면 정이 듭니다. 지금까지 제 이야기를 따라왔

275

4 이제는 숫자에 강해질 때

다면 숫자를 똑바로 쳐다볼 수 있게 되었을 겁니다.

관심 있는 숫자를 찾아보자

제가 좋아하는 숫자는 43입니다. 43을 좋아하다 보니 일상에서 43을 발견하면 기분이 좋습니다. 제가 43을 찾고 있는 건지 43이 눈에 띄는 건지 잘 모르겠지만 말입니다. 분명한 것은 관심이 있기에 눈에 띄고 쉽게 찾게 된다는 사실입니다. 여러분 역시 좋아하는 숫자, 관심이 가는 숫자가 있을 겁니다. 바로 거기서 시작하면 됩니다.

디저트 카페를 운영하고 싶다면 관심사는 디저트 카페의 수익률, 메뉴 가격, 테이블 회전율일 겁니다. 매장을 내고 싶은 지역에서 자신이 생각하는 카페랑 가장 비슷한 곳을 골라서 방문했다고 합시다. 예를 들어 A카페를 갔다면 하나하나 숫자로 분석해볼 수 있습니다.

'1시간 있어보니 5개 테이블이 꽉 차는 것이 2번이었고, 40명 정도가 와서 메뉴 1개씩 시켰네. 가장 잘나가는 메뉴는 4500원짜리 아이스 아메리카노. 테이블마다 6000원짜리 케이크를 같이 시키네. 1시간 기준으로 매출을 계산해보면, 아이스 아메리카노 40개는 18만 원. 5개 테이블이 2번 꽉 차니 케이크는 10개의 테이블에서 1개씩 팔려서 총 6만 원. 1시간에 24만 원 정도의 매출이 나네. 커피 원가율은 15% 정도 될 거 같고, 케이크는 40%니 마진은 총매출에서 원가분을 빼서 18만 9000원이네. 하루 8시간 영업하면 총매출 192만 원, 마진은 151만 2000원. 물론 실제로 이렇게 나지는 않겠지. 이 매출에서 60% 정도가 현실적이라고 보면 총매출은 115만 2000원이고 마진은 90만 7200원이네. 그리고 여기 임차료와 인건비가….'

관심을 가지면 서슴없이 숫자에 다가가고 계산하고 활용하게 됩니다. 예를 들어 주식이라면 코스닥지수나 코스피지수를 확인하고 관심 있는 기업의 주가를 살펴볼 것입니다.

'내가 관심 있는 바이오 회사 중 ○○회사의 주가를 볼까? 어, 많이 올랐네. 이유가 뭐지?'

검색을 통해 어떤 뉴스가 주가를 올렸는지 살펴보게 됩니다. 그리고 실적발표가 나면 해당 기업의 재무제표를 보며 주식투자를 할지 말지 결정을 합니다.

내 집 마련에 관심이 있다면 집을 사기 위해 얼마의 자금이 필요한지 계산해야 합니다. 검색을 통해 신규 아파트를 분양받았을 때의 중도금대출비율과 기존 아파트나 빌라를 구입했을 때의 주택담보대출비율을 계산합니다. 대출을 뺀 나머지 자금은 어떻게 조달할 것인지 자금마련 계획을 세우고, 내 소득으로 어느 정도 자금을 마련할 수 있는지 파악하고 나면 소득 대비 부채를 몇 퍼센트 가져갈지 고민할 수 있습니다.

4 이제는 숫자에 강해질 때

기록하면 숫자가 보이고 익숙해지면 습관이 된다

좀 더 적극적으로 숫자에 관심을 갖는 방법은 바로 기록하는 것입니다. 출판사의 지인에게 들은 이야기입니다.

지인의 팀에서는 새로 팀원이 오면 한 달 동안 최근에 나온 자기 팀 책 10권의 4대 서점 판매량을 매일 적도록 시켰습니다. 그것도 손으로 수첩에 표를 그려서 적게 한 겁니다. 한 달 동안 매일 기록하게 했더니 이후에는 따로 시키지 않아도 궁금해서 자기도 모르게 아침마다 확인한다고 합니다. 숫자가 몸에 익숙해지는 기록습관이 자연스레 만들어진 것입니다.

저도 비슷한 경험을 했습니다. 제가 《직장인이여 회계하라》라는 회계기초서를 처음 냈을 때 얼마나 설렜는지 모릅니다. 그래서 인터넷 서점마다 들어가 책 제목을 검색하며 판매량지수가 달라졌는지 살펴보고 엑셀에 기록하고 증감 추이를 확인했습니다. 서점별로 판매량 증감 추이를 분석하니 어떤 서점에서 내 책이 잘 팔리는지 서점별 판매성향이 보였습니다. 블로그나 페이스북에서 내 책이 잘 팔리는 서점의 구매링크를 걸어서 홍보를 했더니 경제경영 분야가 아니라 종합베스트셀러 순위에 올랐습니다.

또 가게를 운영하면서 제가 매일 한 일이 있습니다. 바로 일매출을 기록하는 것입니다. 마감이 끝나면 당일 매출을 확인하고 엑셀에 기록했습니다. 제가 가게에 없어도 마감을 맡은 직원에게 메시지로 일매출을 받아 기록했습니다. 기록이 쌓이니 평균일매출을 구할 수 있었고, 요일별 평균매출이 보이기 시작했습니다.

그러자 평균매출이 낮은 요일에는 이벤트를 통해 매출을 끌어올리는 전략을 세울 수 있었습니다. 더 나아가 일매출 목표를 세워 직원들과 공유하며 달성방안을 강구할 수 있었습니다. 목표 일매출을 달성할 때마다 직원들과 함께 기뻐했습니다. 그리고 직원들과 함께 더 높은 목표를 세우며 가게는 성장할 수 있었고 계속 생존할 수 있었습니다.

일단 자신이 관심 있는 대상이 무엇인지 살펴봅시다. 그리고 매일 기록합시다. 대상과 연관되어 있는 숫자에 관심을 가지고 기록을 하다보면 숫자를 이해하게 됩니다. 그리고 사랑하게 됩니다.

숫자보다 중요한 것

직장생활에서 숫자는 중요합니다. 정말 중요합니다. 질리도록 이야기했으니 '이제 그만! 좀!' 하실 겁니다. 그래도 마지막으로 다시 한 번 강조합니다. 잊지 마세요.

'직장생활의 반이 숫자다!'

하지만 우리가 조심해야 할 것이 있습니다. 숫자에 매몰되는 것입니다. 자칫하다가 숫자놀음의 함정에 빠질 수 있습니다. 숫자놀음의 함정이란 사람은 사라지고 수치와 숫자만 남는 것입니다. 숫자를 더하고 빼는 것은 참 쉽지만, 사람은 다릅니다.

　잭 웰치가 이끌었던 GE는 미국 시가총액 1위이자 세계 최대의 기업이었습니다. 잭 웰치는 성과가 낮은 사람들을 매년 해고해 10만 명 이상의 직원들을 내보냈습니다. 그래서 중성자탄 잭이라고 불렸습니다. 사람들은 그를 경영의 신으로 칭송하기도 했습니다. 하지만 지금은 어떤가요? 현재의 GE는 111년 만에 미국의 대표 주가지수인 다우지수에서 퇴출당했습니다. GE는 몰락했으며, 잭 웰치의 경영방식은 실패했다는 평가를 받고 있습니다. 사람은 사라지고 수치와 숫자만 존재했던 기업문화의 결과입니다.

　우리가 숫자를 이용할 때 이 점을 명심해야 합니다. 숫자와 수치보다 중요한 것은 사람이라는 사실을 말입니다.

　마지막으로 여러분께 《어린왕자》를 쓴 생텍쥐베리의 이야기를 들려주고 싶습니다.

　"내가 소혹성 B612호에 관해 이렇게 자세히 이야기하고 그 번호까지 일러주는 것은 어른들 때문이야. 어른들은 숫자를 좋아하거든. 어른들은 다 그런 거야. 그들을 나쁘게 생각해선 안 돼. 어린아이들은 어른들을 항상 너그럽게 대해야만 해."

　숫자를 잘 몰라도, 숫자가 어려워도 절대 좌절하지 말고 자신을 너그럽게 대해주세요.

감사의 말

이 책의 편집본을 받았을 때 이 책 출간을 위해 보냈던 시간이 마치 영화처럼 지나갔습니다. 기획안을 받고 흥분을 감출 수 없어 아내에게 재잘거렸던 기억, 네이버 오디오클립에 '숫자원정대' 첫 회가 올라갔을 때의 기쁨, 원고를 고치고 또 고치며 흰머리가 늘어남에 한탄과 부담까지. 봄에 시작해서 가을이 만연한 10월이 되었습니다. 뜻하지 않았지만 생일날에 책을 출간하게 되었습니다. 인생 최고의 선물입니다.

제가 좀 숫자에 약해서

제 마음을 흔드는 기획을 제안하고 게으른 제가 마감기한을 지킬 수 있도록 붙들어주신 메디치미디어 류혜정 부장님 감사합니다. 네이버 오디오클립 24회를 진행할 수 있도록 멋지게 편집해주신 고광일 피디님 감사합니다. 제가 쓴 부족한 글을 위대하게 만들어주신 편집팀과 책을 멋지게 꾸며주신 디자인팀도 감사합니다. 이 책을 잘 팔아주실 마케팅팀에도 미리 감사의 말을 전합니다.

우아한 형제들 김봉진 대표님 감사합니다. 2013년 4월 6일, 우아한 형제들 사옥에서 들었던 대표님의 강의는 제 마음에 불꽃을 피웠습니다. 그리고 인생의 전환점이 되어서 여기까지 올 수 있었습니다.

내 인생 최고의 팀 삼성에스원 재무팀 선후배님들이 있었기에 살아 있는 이야기를 이 책에 담을 수 있었습니다.

숫자와 회계를 두려워하는 직장인들에게 강의할 수 있는 기회를 주신 멀티캠퍼스와 마이크임팩트스쿨에 감사합니다.

아내 송이야, 해가 갈수록 더욱 존경하고 사랑해. 힘들다고 투덜거릴 때마다 격려해줘서 큰 힘이 되었어.

원고 쓰느라 바쁘다고 핑계 대는 아빠를 미워하지 않고 응원해준 우리 딸 아인이 고마워. 아빠랑 더 많이 놀자.

알파와 오메가, 처음이자 끝을 알려주시는 하나님께 감사드립니다. 당신이 함께하셨기에 가능했습니다.

제가 좀 숫자에 약해서

초판 1쇄 2018년 10월 22일 발행
초판 9쇄 2024년 8월 1일 발행

지은이 윤정용
펴낸이 김현종
출판본부장 배소라 **디자인** mmato
마케팅 최재희 안형태 신재철 김예리 **경영지원** 박정아

펴낸곳 (주)메디치미디어
출판등록 2008년 8월 20일 제300-2008-76호
주소 서울특별시 중구 중림로7길 4, 3층
전화 02-735-3308 **팩스** 02-735-3309
이메일 medici@medicimedia.co.kr **홈페이지** medicimedia.co.kr
페이스북 medicimedia **인스타그램** medicimedia

© 윤정용, 2018

ISBN 979-11-5706-134-1 (03320)